小川雅裕
OGAWA MASAHIRO

学年主任の仕事

東洋館出版社

はじめに

「学年主任になってください」。そんな一言を受けたとき、「やってみたい」と前向きに受け止める方もいれば、「自分に務まるのだろうか」と不安に感じる方もいるかもしれません。

学年主任は、学年の運営を担う重要な役割ですが、その仕事の仕方に「唯一の正解」はありません。むしろ、それぞれの個性や強みを活かした多様な方法があり、その中で試行錯誤しながら最適なやり方を見つけていくことが求められます。しかし、実際にはこれまでの経験や、見たり関わったりしてきた学年主任の姿を頼りに、自分なりのスタイルを見つけるしかないというのが現状ではないでしょうか。研究主任や教務主任に関する書籍は多く出版されていますが、学年主任に関する書籍は多くはないようです。だからこそ、初めて学年主任を務める方や、よりよい学年運営を目指す方に向けて、少しでも役立つものを提供できればと思い、本書を執筆しました。

本書では、方法論の羅列ではなく、「なぜそうするのか」「どんな効果があるのか」といった理念や本質にも触れています。教育を取り巻く環境は変化し続けていますが、教師として大切にすべき信念、人との関わり方には変わらないものがあります。その土台をもとに、皆様が学年主任像を築いていけるよう、本書がその一助となれば幸いです。

最後になりましたが、本書の作成に当たり、学年主任の仕事に関するインタビューにご協力いただいた新潟小学校の先生方に、心より感謝申し上げます。また、本書の企画・編集にご尽力いただきました東洋館出版社の近藤智昭氏をはじめ、編集部の皆様にも深く御礼申し上げます。

2025年3月

小川雅裕

目次

はじめに …………………………………………………………… 1

第1章　学年主任に求められるもの

学年主任の本質とは ……………………………………………… 6

学年主任の役割 …………………………………………………… 8

学年を経営するということ ……………………………………… 10

第2章　ビジョンを共有する

学年主任に求められるビジョン ………………………………… 16

学年経営で共有するビジョン1 ………………………………… 20

学年経営で共有するビジョン2 ………………………………… 24

学年経営で共有するビジョン3 ………………………………… 28

学年経営で共有するビジョン4 ………………………………… 32

第3章　リーダーシップを発揮する

学年主任に求められるリーダーシップ ………………………… 38

思い切って任せる ………………………………………………… 42

着実な行事運営のために ………………………………………… 46

年間予定・行事を把握する ……………………………………… 50

スケジュールを共有する ………………………………………… 52

スケジュール共有の仕組みづくり ……………………………… 56

子どもを理解するためのアプローチ ………………………………………………… 60

総合的な学習の時間をつくる1
　　〜多様な学びを生かし、学級の力を引き出す〜 ……………………………… 62

総合的な学習の時間をつくる2
　　〜学年全体のバランスと一人一人の個性を生かす〜 ………………………… 66

総合的な学習の時間をつくる3
　　〜主体的な学びを引き出す学習材との出会い方〜 …………………………… 70

総合的な学習の時間をつくる4
　　〜入口・通過点・出口を揃えた学習の進め方〜 ……………………………… 74

総合的な学習の時間をつくる5
　　〜主体性を引き出す学年単位の学びのデザイン〜 …………………………… 78

教材選定で価値観を共有する ………………………………………………………… 82

家庭学習と自己調整 …………………………………………………………………… 86

学年で共通した児童指導を行うために ……………………………………………… 90

学年集会を開く ………………………………………………………………………… 94

授業について相談し合う ……………………………………………………………… 98

学年会を充実させる ………………………………………………………………… 102

授業を交換する ……………………………………………………………………… 106

行事の成果と課題を共有する ……………………………………………………… 110

日々の教育活動の成果と課題を次学期、次年度につなげる …………………… 114

教室環境を整える …………………………………………………………………… 118

学習進度を整える …………………………………………………………………… 122

初回の保護者懇談会に向けて ……………………………………………………… 126

第 **4** 章　協働的なチーム学年をつくる

学年主任に求められるチーム学年づくり ……………… 132

学年主任がもつべきマインドセット ……………………… 136

ICTを積極的に取り入れる 1 …………………………… 140

ICTを積極的に取り入れる 2 …………………………… 142

授業・クラスは最高を目指す …………………………… 146

学年主任同士でつながり合う …………………………… 150

管理職とのやりとり ……………………………………… 154

保護者対応はチームで …………………………………… 156

教室・授業を互いに見合う ……………………………… 160

教材を共有する …………………………………………… 164

学年の先生たちの暮らしを守る ………………………… 168

どんどん褒める …………………………………………… 170

失敗は責めずに仕組みを見直す ………………………… 174

インプットし続ける ……………………………………… 178

執筆者紹介 ………………………………………………… 182

第 1 章

学年主任に
求められるもの

学年主任の本質とは

❶ 学年主任は学年をまとめたり、行事を計画したり、先生たちをサポートする大事な役割。

❷ 学年主任の仕事に正解はない。それぞれの個性を活かすことで、チームや子どもたちによい影響を与えられる。

1 学年主任の立ち位置とは

皆さんは学年主任と言うと、どんなイメージをおもちでしょうか。「学年をまとめる人」「学年会の司会をする人」「学年全体の予定を立てる人」などなど、それぞれがこれまでに関わってきた学年主任の方々の姿をもとに、おおよその姿をイメージすることができるでしょう。

ちなみに、学年主任の役割は、学校教育法施行規則第44条に以下のように規定されています。

学年主任は、校長の監督を受け、当該学年の教育活動に関する事項について連絡調整及び指導、助言に当たる。

さらに詳しく見てみると、「学校教育法施行規則の一部を改正する省令の施行について」（昭和51年）の留意事項に次のように記されています。

校長の監督を受け、学年の経営方針の設定、学年行事の計画・実施等当該学年の教育活動に関する事項について、当該学年の学級担任及び他の学年主任、教務主任、生徒指導主事等との連絡調整に当たるとともに、

当該学年の学級担任に対する指導、助言に当たるものであること。

　ここから分かるのは、「A学年の経営方針の設定」「B学年行事の計画・実施」「C連絡調整」「D指導、助言」に当たる職務だということです。

2　自分の得意を見極めよう

　これまで自分自身が学年主任を務めてきた経験を振り返ると、A〜Cの役割は意識的に行ってきたように思います。一方で、「D指導、助言」については、表立った指導というより、「私だったら、その場面ではこのようにする」というように自分個人の意見として考えを伝えたり、相手に必要だと思ったら取り入れてもらったりするために、材料を揃えて間接的に伝えるという方法をとってきました。

　一人一人が個性をもつ教師だからこそ、人とつながることが得意な人、ストレートに相手に思いを伝えることが得意な人、またその反対で、人とつながることに時間がかかる人、人に思いを伝えることが苦手な人もいます。それぞれの得意・不得意はあって当然です。

　学年主任の仕事の仕方に唯一の正解はありません。むしろ様々なタイプの学年主任がいて、それぞれの個性をもつ私たちが担う役割であるからこそ、多種多様な工夫が生まれ、個性のあるチームができ上がるのではないでしょうか。マニュアル通りのやり方ではなく、それぞれが悩んで生み出した方法や伝え方であるからこそ、周りの仲間たちの心を動かし、子どもの心に響くような指導につながると信じています。

　だからこそ、これから私が紹介する学年主任という役割に対する考え方や仕事の仕方は、自分のスタイルに合うものだけを取り入れていただいたり、形や順序を変えて活用したりしていただければと思います。

　本書で紹介する内容は、性別、年齢、経験年数が異なる皆さんの幅広いニーズに少しでもお応えすることができるように、これまで私が関わってきた同僚から学んだ事例も多く掲載させていただいています。

第1章　学年主任に求められるもの

学年主任の役割

❶ 学年主任は何をする人？　4つの大切な役割と仕事の全体像を知る。

❷ 学年主任は二刀流プレイヤー！　魅力と成長のチャンスを活かす。

1　学年主任の大まかな役割とは

「学年会を開く」「行事の計画をする」「1年間の予定を立てる」「子どもの指導の相談にのる」「保護者対応の中心となる」など、学年主任の役割を事細かに挙げていくとかなり多くの具体的な役割があると思います。きっと、皆さんが学年主任としてご自身でやられていること、これからやろうと思っていることを思いつくままに列挙していくと相当な数の仕事が見えてくると思います。具体的な学年主任の仕事については、第2章以降にその詳細を紹介するとして、ここでは大まかにどんな役割を果たす必要があるのかを考えてみたいと思います。

先ほど紹介した施行規則も参考にしながら、これまでの私自身の学年主任としての経験や同僚の姿を見てきたことを踏まえると、学年主任の仕事は大きく以下の4つに分けられます。

①ビジョンを共有する　【A学年の経営方針の設定】
②学年行事の計画・準備・実施をする【B学年行事の計画・実施】
③学年会を運営する　【C連絡調整】
④役割を分担し、支え、フィードバックを行う【D指導、助言】

これらを自分の得意・不得意を見極めながら、学年の先生たちの力を

借りて、なるべく広い視野をもって日々の仕事に当たるのが学年主任という立場なのだろうと考えています。

2 プレイング・マネージャーとして働く

　もう1つ、学年主任の大きな特徴を挙げるとすると、プレイング・マネージャーであるということだと思います。

　一般的にプロスポーツにおいては、監督と選手、コーチと選手というように、選手と指導者の役割は明確に分かれています。一方、学校の中を見渡すと校長、副校長は全体を管理・指導する立場というように明確にされていますが、学年主任は、「自分自身のクラスの授業や児童指導の充実」と、「自分の学年をよりよい集団にしていく」という2つの大きなミッションを背負っています。

　こう見ると、学年主任は自分自身の学級経営と学年全体の経営の2つを任されているがために、大変さが強調されてしまう立場かもしれません。しかし、プレイング・マネージャーとしてのメリットも確かに存在します。

・自分自身で考えたプランを自らが実践できること。
・自分の姿で仲間に取組の有用性を示すことができること。
・自分自身も一緒にやるため、説得力があること。
・同じ立場で熱量をもって子どもと関わることができること。
・変化、手応えを子どもの反応から直に感じることができること。
・うまくいかなかったときの対応を自ら行うことができること。
・チームとしての成長をチームの一員として喜べること。

　デメリットもそれなりの数が挙げられるかもしれません。しかし、メリットもたくさんあることは事実です。大切なのは、この役割を粋に感じて、自分自身が成長できるチャンスと前向きに捉えることができるかどうかだと思っています。

第1章　学年主任に求められるもの　9

学年を経営するということ

❶ 学級経営と学年経営の違いは、対象と中心人物、目的にある。

❷ 学年主任が経営しているのは、学級と学年の教育活動である。

❸ 学年経営では、「ビジョンの共有」「リーダーシップ」「協働的なチームづくり」の3つの柱を意識する。

1 学級経営と学年経営はどこが違う？

　学級担任が行う「学級経営」という言葉は、よく耳にすると思います。では、学年主任が行う「学年経営」という言葉についてはどうでしょう。学級経営に比べ、耳にすることは少ないかもしれません。

　現に、学級経営に関する書籍はかなり多く出版されていますが、学年経営に関する書籍の数は少ないようです。

　では、この2つはどのように違うのでしょうか。最も大きな違いは、対象にあります。学級経営が対象とするのは、1つの学級の児童です。一方、学年経営は学年の児童と学年の教師集団を含む、1つの学年全体を対象とします。このように対象1つをとってみても、大きな違いがあります。

　もう1つの違いは、経営の中心となる人物についてです。学級経営は中心が学級担任であることに対して、学年経営を中心となって行う人物は学年主任となります。ただし、一般的には学年主任は学級担任を兼ねることが多いため、学年主任は2つの経営を任されていると言えるでしょう。

さらに考えていくと、違いはその目的にあります。学級担任が学級の児童の成長、学級全体の活性化を目的とすることに対し、学年主任は、学年としての教育目標の達成、学年全体の活性化を目指します。

これらのことから分かるように、学年経営とは、学年を共にする教師集団、そしてそれぞれのクラスの児童をターゲットにして、学年全体の活性化、育ちを目指して教育活動を行っていくことを意味していることが見えてきます。

	学級経営	学年経営
対象	1つの学級の児童	1つの学年全体 （学年の児童と教師集団）
中心となる人物	学級担任	学年主任
目的	学級の児童の成長、学級全体の活性化	学年の教育目標達成

2 学年主任が経営しているものとは

では、学年主任が経営しているものとは一体、何なのでしょうか。先ほど紹介した施行規則も参考にしながら、学年主任が経営する内容を挙げるとすると、以下の2つに大きく分けることができます。

①学級の教育活動
②学年の教育活動

まず、**学級の教育活動**の具体としては、「学級の学習指導」と「学級の生活指導」「学級の集団づくり」が挙げられます。

2つ目の**学年の教育活動**の具体としては、「学年の教育課程の作成・調整」「学年の年間活動予定の作成」「学年の先生方の役割の分担」や「学年の行事等の計画・実施」「学年に関わる連絡や調整」「学年の児童・生徒指導」「学年の保護者や地域との連携」等が挙げられます。

第1章　学年主任に求められるもの　11

これらが学年経営の具体ですが、言うまでもなく、学級経営と学年経営は深く関わり合っています。どちらか一方だけでは、効果的な教育活動は難しいと言えるでしょう。

　学級経営において、各学級の豊かな実践や工夫が、学年全体の活性化につながります。また、学年の先生と子どもとで話し合い、決めた目標は、各学級の学習活動の指針となります。学級経営と学年経営は共に高め合う関係性であることが分かります。

　さらに、学級経営と学年経営の双方を支えるのは、協働的なチームづくりです。教師の学年集団が、チームとしてお互いの強みを発揮し、補い合うことで、学級・学年の双方がより一層活性化していくことは明らかです。

3 学年経営の3つの柱

　学年主任が経営している具体的な内容は、「学級の教育活動」「学年の教育活動」の2つであることが見えてきましたが、ここで、改めてこの2つの学年経営を促進する柱について考えていきたいと思います。

　私は、学年経営には意識すべき3つの柱があると考えています。それは、「ビジョンを共有すること」「適切にリーダーシップを発揮すること」「協働的なチーム学年をつくること」の3つです。

　目標となるビジョンを学年の先生方・児童と共有し、その実現に向けて適切なリーダーシップを発揮しながら、協働的なチーム学年をつくっていくことによって、学年経営を充実させていくことができます。

　その1つ1つが、学年経営に欠かすことのできない大切な3つの柱です。次の章からは、それぞれの柱の考え方と具体的なアクションについて、具体例をもとにお示ししていきたいと思います。

■学級経営３つの柱

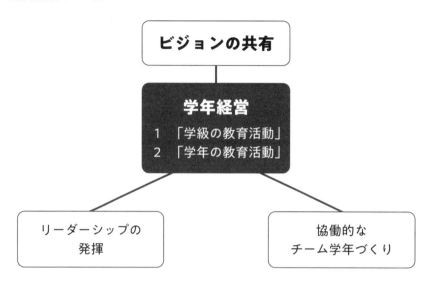

第 2 章

ビジョンを共有する

学年主任に求められるビジョン

❶ 学年主任に求められる児童生徒観・指導観とは、全ての子どもの可能性を信じ、共に育む姿勢である。

❷ 学年経営のビジョンをもつためには、大きく4つの手順がある。

❸ ビジョンを共有する意味は、活動の意義を伝え、チームとして力を発揮する基盤をつくること。

1 学年主任に求められる児童生徒観・指導観とは

　現在、学年主任を任されている方、これから学年主任を務めるかもしれない方、皆さんは自分の学年・学級でどんな子どもを育てたいと願っていますか。

　学習指導要領では、児童及び生徒に資質・能力を育むことを目標として掲げています。資質・能力とは、特定の文脈のみで使うことができる力ではなく、子どもたちがこれから出会う様々な問題状況において、問題を解決するために活用したり、発揮したりすることができる力です。それは、「知識及び技能」「思考力、判断力、表現力等」に限らず、粘り強さや学習の調整に関わる「学びに向かう力、人間性等」も含みます。

　こうした問題解決を成し遂げるための力を育むべく、私たち教師は、学習者である子どもを中心に据えて、主体的・対話的で深い学びの視点で日々の学習活動を改善してきました。

　さらに、「『令和の日本型学校教育』の構築を目指して〜全ての子供た

ちの可能性を引き出す、個別最適な学びと、協働的な学びの実現～（答申）」では、個別最適な学びと協働的な学びを一体的に充実させることで、全ての子どもの可能性を引き出すことが求められています。

日々、加速度的に変わっていく世の中で、これからの未来を生きる子どもたちに求められる力も変化していることは明らかです。

OECD（経済協力開発機構）が提唱するエージェンシー（変化を起こすために、自分で目標を設定し、振り返り、責任をもって行動する能力）という考え方からも分かるように、子どもたちが自ら目標をもち、学習を調整しながら学びを進めていく力が求められているのです。

こうした学力観は、全ての子どもは有能な学び手であるという児童・生徒観に支えられています。その上で、私たちは子どもたちが夢を実現したり、叶えたりすることを、自律的に行うことができる環境を整える存在であるという指導観にアップデートしていく必要があります。

現在、そしてこれからの学年主任には、上記のような子どもを育むため、「まずは私たち教師自身が自分たちの児童・生徒観、指導観を変えていく必要があるんだ」というマインドを、まずは学年間で共有することが最重要課題として挙げることができるでしょう。

どんな子どもを育てたいのか、日々、学年の先生方と育成を目指す子どもの姿をすり合わせていくこと、言い換えればビジョンを共有し、磨きをかけていくことこそが学年主任の主な仕事だと言っても過言ではありません。

そのビジョンの実現に向け、日々の教育活動をチームで協働し、考えていくためにリーダーシップを発揮し、協働的なチーム学年をつくっていくこと、これこそが学年主任に課されたミッションと捉えることができるでしょう。

第2章 ビジョンを共有する 17

2 学年経営のビジョンをもつための手順

　少し大げさかもしれませんが、学年主任は学年の先生方、そしてその学年の子どもたちの1年間を預かっていると言えます。そこで重要なことは、預かった子どもたちがどのように成長してほしいかという学年経営のビジョンをもつということです。

　この学年経営のビジョンとは、決して学年主任だけが把握していればよいものではありません。さらに付け加えると、このビジョンは学年の先生方や子どもたちに信頼のおける妥当なものとして、受け入れられる必要があるのです。

　いつでも、学年の先生たちの指導の指針となり、子どもたちにとっては行動の指針となるものが学年経営のビジョンと言えます。

　では、こうした学年経営のビジョンは、どのように設定するとよいのでしょうか。学年経営のビジョンを設定するには、大きく以下の4つの手順があります。

---

①学年のメンバーで、お互いのことを知り合う。
②学年の子どもの実態を把握する。
③学校教育目標を理解し、具体化する。
④育成を目指す子どもの姿を短い文章でラベリングし、重点化する。

　この4つの具体については、この次の節で詳しく説明していきたいと思います。

3 ビジョンを共有する意味とは

　ここまでビジョンをもち、共有することがいかに重要であるかを考えてきました。ここで改めて、ビジョンを共有する意味について考えていきたいと思います。

　皆さんが仕事をしていて、いまいちやる気になれなかったり、不安を

覚えたりするときはどんなときでしょうか。私は、自分にとってその仕事の意味を見出すことができないときにやる気が湧いてこないように思います。さらに、その仕事が分からないことだらけで、見通しをもつことができないとなると、やる気が低下するだけではなく、仕事に対する大きな不安も抱えてしまいかねません。

　学年の先生たちにとって、何のために学年の活動をするのか目的がはっきりしていること、「誰が」「いつ」「何を」すべきなのか見通しをもつことができること、この２つの状況を整えることで、その仕事に向き合う姿勢は変わってくるはずです。

　学年の先生方が、目的と見通しをもつための大切な一歩として、「説明」を挙げることができるでしょう。とても当たり前のことだと感じる方もいらっしゃるかも知れません。

　それでも、学年の先生方に目的を繰り返し説明し、どういったところでどんな力を発揮してほしいのかという見通しを詳しく説明する必要があると思っています。そうしたプロセスの過程で、一人一人にとってこの仕事は意味があることだ、子どもたちの成長に寄与するものなんだと納得することできるだろうと考えています。

　むしろ、こういった目的や見通しを曖昧に学年の活動を行ってしまうことで、ただ決まっているからやっている、とりあえずこなす活動になってしまいかねません。

　なぜ、このように行うのか、その説明が腑に落ちないと、リーダーだけがやる気満々で周りは冷めているなんていう状況に陥ってしまうかもしれません。周りがついて来てくれていないときこそ、自分自身の説明不足をまずは疑いましょう。

　「リーダーのやりたいこと」ではなく、「チーム共通の成し遂げたいこと」に変革するには、やはり目的を共有する必要があります。

　どうしてこの活動を行う意味があるのかをしっかりとみんなで共有すること。こうした説明の時間は、オフィシャルな学年会でまとまって行うことができると理想的です。

第2章　ビジョンを共有する

学年経営で共有するビジョン1

❶ まずは、自己紹介をし合って、お互いのことを知り合う。

❷ 次に、どんな子どもを育てていきたいのか、自分たちのビジョンを語り合う。

❸ 一人一人の価値観を言語化し、チームワークを高めていく。

1 自己紹介し合い、互いを知り合う

　校内の研修会で、いきなり「みんなで目指す教育について語り合いましょう」などと言われたら、皆さんはどう感じるでしょうか。何について語り合えばよく分からないばかりか、本音で語り合うことさえもままならない状況になってしまうことが容易に想像できます。

　そこで、私はまず、学年のメンバーと自己紹介をする時間を大切にしてきました。研修主任を兼ねていた時期は、オフィシャルな場として、4月に行う1回目の校内研修を、お互いのことを知り合う自己紹介の時間としていたこともありました。まずは、これから同じ目標に向かって力を合わせていく仲間だからこそ、お互いのことを知り合う必要があると強く感じています。

　ちなみに、ただ自己紹介をするだけでは、なかなかお互いに打ち解けることができないので、次のような手順で行っています。

①自分の学年とその学年に関わる教職員でグループをつくる（最大でも5人程度が望ましい）

②一人一人がマンダラチャートに、好きなこと・ものをキーワード化して記入する。

③順番を決めて、一人がシートを見せて、見ている人が気になる項目について質問をする

①マンダラチャートに好きなものを記入する

好きな食べ物
見た風景、行った場所
遊び、スポーツ
テレビ番組、映画
本
　　　　　　　　　　など

＊全て埋める必要はありません

マンダラチャート

花火	枝豆	野球
漫画	私の好きなもの	ライブ
まつり	時間切れで、埋まらなくてもOK！	

②マンダラチャートをもとに交流する

＊順番に全員回してください。1人約2分で。
＊マンダラチャートを見て、知りたいことを、1人ひとつ質問してみてください。

○○○○です。私の好きなものは、こんな感じですが、どれが気になりますか？

○○について教えてください！

○○について教えてください！

　質問される側がマンダラチャートでいくつかの項目を提示して、聞き手が興味のあるものについて質問するという単純な流れです。やってみ

ると意外に盛り上がりを見せます。知っていると思っていた相手の意外な好みを知ったり、自分が今まで伝えていなかったことを知ってもらったりすることが、楽しさにつながっているのだろうと思います。学校外でのプライベートの話や趣味についての話をすることで、心の距離がぐっと近付く感覚を得ることができます。

さらに、「○○の試合、よかったですね～」「○○の作品読みましたか?」というように、ここで交換した情報はこの後の何気ないコミュニケーションのきっかけとなっていきます。

2 自分たちのビジョンを語り合う

ある程度、お互いのことを知り合うことができたら、次にやりたいのはお互いのビジョンを語り合うことです。

ここで言うビジョンとは、自分が今年の学年でどんな子どもを育てていきたいのか、どんなことを実現したいかという、言わば「仕事における理想像」のことです。

自分の理想を、なるべく具体的な言葉で表現していくことが重要です。理想を語り合うことになるので、少し照れくさく感じる方もいると思います。だからこそ、ここで大切にしたいのは、「どんな発言も認める」という参加者のマインドです。これは、学年で協働的なチームづくりをする際に欠かすことができないマインドだとも言えます。

ビジョンを語り合う具体的な手順は、以下の通りです。

①どんな子どもを育てていきたいかを1つの付箋紙に1つの内容として、書き込む。

②各々が書いた付箋紙を説明しながら、模造紙(大きめの紙)に貼っていく(黙って貼るのではなく、どうしてそういう姿が素敵だと思っているのかをできる限り言語化し、説明しながら貼ることが重要)。

③貼られたものをKJ法的手法で分類し、ラベリングしていく(量的に

少ないアイデアを無理やりいずれかのグループに分類しない。1つ1つのアイデアを大切に扱う)。

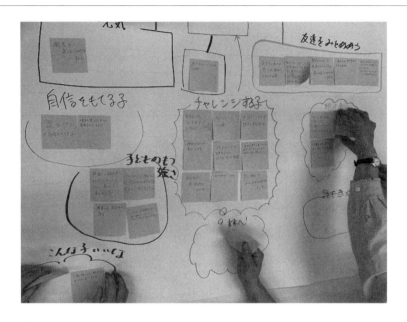

3 価値観を言語化し、チームワークを高める

　上記のようにチーム(学年)でビジョンを共有することで、学年という組織のメンバーがどのような子どもを育てたいのか、共通点や相違点を明らかにすることができます。

　やはり、学年主任というポジションに就いているならば、学年でビジョンを共有することはもちろんですが、その決定までのプロセスもしっかりと自覚し、進行していくことが大切です。

　互いのビジョンをしっかりと伝え合い、共感したり、質問をし合ったりすることで、各々の教師として大切にしていることや自分たちのチームが共通して目指していきたい方向性が見えてきます。

　こうしてお互いに本音を共有するプロセスを通して、育成を目指す子どもの姿を話し合う土台を整えることができます。

学年経営で共有するビジョン2

① 価値観を言語化することによって、共通の合言葉をつくり上げていくことができる。

② まずは、これから関わる子どもたちの実態をつかむところから始めていく。

1　価値観を言語化して、共通の合言葉をつくり上げる

　チームワークが高まっている、みんなで心地よく、やる気に溢れて仕事ができている、そんなチームには、決まって共通の合言葉があります。

> 「挑む力」
> 「やり抜く力」
> 「認め合う心」
> 「支え合う心」

　この4つの言葉は、私が勤務している学校で子どもを語るときに欠かせないキーワードになっています。

　「今回の児童会祭りでは、子どもたちのやり抜く力を育てたいんだよね～」とか、「まだまだ、支え合う心が足りないなー」という言葉が、教職員の中から聞こえてきます。

　こうした会話の根底には、「やり抜く力」ってどんな力なのか、どんな状態が望ましいのか、「支え合う心」はどんな心が育っているのか、具体的にはどんな行動を伴うのかを、その会話をしているメンバーの中

で共通のイメージをもっていることが前提となります。

同じチームで一緒に仕事をしていると、共通の大切な合言葉が生まれることがあります。

こうした合言葉こそが、チームワークを高める上でとても重要なキーアイテムとなり得ます。

それは、互いの価値観を言語化し、日常的に使っていくことによって、共通の目標をつくり上げていくプロセスに他なりません。

いわゆる合言葉、「こういう子どもたちを自分たちの学校で育てたいんだ」「こういう子どもの姿を目指してるんだ」というイメージを、日々の会話の中で醸成していくことにつながっていくのです。

2 今の子どもたちの実態をつかむ

まずは、自分のクラス・学年の素敵なところ（強み）、もっと力を付けてほしいこと（課題）を語り合うところからスタートしてみましょう。

もち上がりで学年を受けもつ場合や年度末に行う場合は例外として、時期としては学級が始まって1か月程度経ってから行うことが望ましいと考えています。

「強み」や「課題」については、子どもを対象に行った学校生活に関わるアンケートをもとに語り合うと、より正確な実態をつかむこともできます。各自治体で実施しているもの、学校独自で行っているもの等があると思いますが、自分たちが知りたい内容を手に入れることができるデータであれば、どれでも構いません。

そうしたデータも必要に応じて活用した上で、今の自分の学校の子どもたちの現状を語り合いましょう。

大切なのは、子どもたちと最も近くで関わっている立場として、どんなことが学年として達成できていて、どんなことが課題なのかを腹を割って伝え合うことです。「このやり方では、主観が色濃く出過ぎじゃないですか」と指摘されてしまいそうですが、むしろ主観が混じってもよ

第2章 | ビジョンを共有する 25

いと考えています。案外、私たちが子どもと関わりながらぼんやりと感じていることは、的を射ていることが多くあるからです。

それは、なぜかと言うと、学級担任が一番子どもたちと心の距離を近くして、子どもたちと関わっているからです。アンケート等で集めた情報にももちろん価値はあると思いますが、子どもたちの日々を見ている私たち担任が感じていることこそ、十分に価値のある情報であることに間違いありません。

「強み」と「課題」について考えていく際には、学級単位、学年単位のどちらで行っても問題はありません。ここでは、チーム学年として自分の学年の様子について、学年のメンバーで話し合うことをおすすめします。なぜならば、主観で捉えていたことを、複数で出し合い、吟味し、語り合うことによって間主観に近付けていくことができるからです。

さらに、その際には、何らかの話し合いを可視化する手立てがあるとよいでしょう。それは、話し合いのプロセスをしっかりと残しておくことや、話し合いを可視化することによって、参加者の理解が促進されるからです。そこで、私は右図のような表を用いて、そこに付箋紙を貼っていき、分類していくという方法で、みんなでアイデアを操作し、話し合いながらこの活動を進めるようにしています。

こうしたプロセスを経て、子どもたちの強みと課題を浮き彫りにしていきます。「よし、とにかく子どもたちには、友達と関わり、友達を大切にする心を今年は育てたいんだ」ということになれば、資質・能力の３つの柱で言うところの「学びに向かう力、人間性等」に重点を置いて、教育活動を行っていくことになります。

このような話し合いを通して、資質・能力の３つの柱を念頭に置きなら、学年における指導のターゲットを絞り込むことも可能となっていきます。

■付箋紙を使って学年の強みと課題を分類する

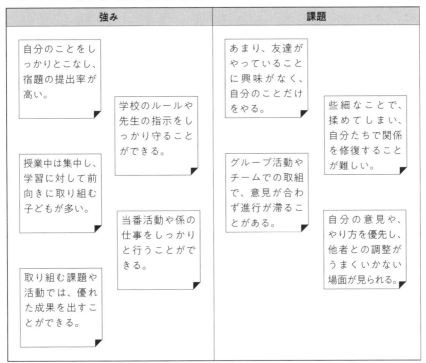

 話し合いのプロセスを残して可視化することで、各々のアイデアを実現していく！

学年経営で共有するビジョン3

① 学校教育目標と学級経営を地続きのものとして捉え、自覚的に結び付けておく必要がある。

② 学校教育目標を理解し、すり合わせることにこそ意味がある。

③ 資質・能力の3つの柱のどこに位置付け、何に重点を置くのかを検討する。

④ 学校教育目標を具体の子どもの姿として、言語化していく。

1 学校教育目標と学級経営を結び付けるわけ

　ここで質問です。皆さんは、ご自身が勤務されている学校の教育目標をパッと思い浮かべることはできるでしょうか？　さらに、その教育目標を実現している子どもの姿を具体的にイメージすることはできますか？

　このように問われると、即答することがなかなか難しいかもしれません。学校教育目標、そしてそれを実現している姿まで問われると、あえて学校教育目標を具体化する演習（研修）を行っていないと難しいでしょう。

　改めてここで確認するまでもありませんが、各学校の教育目標は、それぞれの学校が、自校の教育活動を通して目指す教育の方向性を表現したものです。例えば、「○○な子」や「○○力」というように、多くの学校が育成を目指す子どもの姿を端的に表現しています。

　私たちがここで改めて確認したいのは、日々の学級での教育活動のそ

の先には、学校教育目標の実現があるということです。学校教育目標は決して、立派な文字で額縁の中に飾っておくものではなく、日々の学級での学びが積み重なり、その先に目指す目標そのものです。そして、学級目標は教職員と子どもたちが共通のビジョンとして思い描き、その目標に向かって取り組むことができるようにするためのものなのです。

学校教育目標は、どのような学習過程を通して子どもたちが学び、どんな力を育んでいくのか、学校の教育課程編成に大きな影響を与えます。だからこそ、日々の学級経営と学校目標は一見、遠い存在と感じるかもしれませんが、地続きのものとして捉え、教師も子どもたちも意識的・自覚的に結び付けておく必要があるのです。

2　学校教育目標を理解し、すり合わせる

それでは、「まず学校教育目標を理解するぞ！」と意気込んでみても、あまり詳細な資料は見つからなかったり、もしくはあるはずなんだけれど見つけるのに時間がかかったりする場合があるかもしれません。

いつどうやって決まったのか、どんな思いが込められているのかについては、学校要覧や学校沿革誌等で調べることができたとしても、実はその先にもっと大切なことがあります。

それは、今現在、その学校の教育に携わる皆さんが自分の学校の教育目標をどのように捉え、目の前の子どもを想起し、教育目標の実現のためにどんなアクションを起こす必要があると感じているかということです。もちろん、自分が今いる学校をつくってきた諸先輩方が、どのような思いでその学校教育目標を受け継いできたかについては大いに知る意味があると思います。

しかし、ここで改めて大切にしたいのは、その脈々と続いてきた歴史の上に、現在いるスタッフが「どんな学校にしたいのか」「どんな子どもを育てたいと願っているのか」、この願いをもとに、自分たちの手で学校教育目標を具現化するプロセスにこそ、意味があるのです。

第2章　ビジョンを共有する　29

3 重点化する

　私が現在、勤務している学校には、「たくましく　美しく」という学校教育目標があります。この学校教育目標の具現化のための行動目標として、「挑む力」「やり抜く力」「認め合う心」「支え合う心」という4つを定めています。

　この行動目標は令和2年に設定され、子どもたちの現在の学校での様子や地域社会の状況も踏まえて、教職員でどんな力を子どもたちに付けてほしいかを話し合い、学校全体で決定しました。

　改めて、令和6年度の教職員で、学習指導要領が定める資質・能力の3つの柱とこの行動目標がダブルスタンダードにならないように、「挑む力」「やり抜く力」「認め合う心」「支え合う心」を、3つの柱のどこに該当するかを検討してみると、どれも「学びに向かう力、人間性等」に位置付けられることが見えてきました。

　また、今の子どもたちの実態をつかむ話し合いを経ることで、令和6年度においても変わらず、まずは「学びに向かう力、人間性等」を中核に据えて子どもたちを育てていこうという共通理解を得ました。

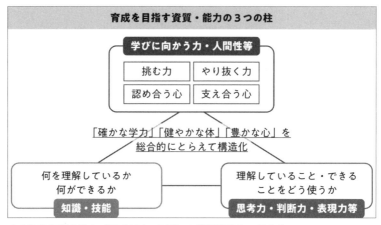

中央教育審議会答申（平成28年12月）の補足資料を一部改変

4　学校教育目標を具体の姿としてイメージしてみよう

　「学びに向かう力、人間性等」に重点を置くことを決めた後、「挑む力」ってどんな姿かな、「やり抜く力」「認め合う心」「支え合う心」についてはどうかなというように、1つずつ学年のメンバーで話し合い、そのイメージを具体にしていきます。

　子どもの活動の具体の姿をイメージさせていく上で、重要なポイントは2つです。1つ目は、「どんなことを言っても大丈夫」というルールです。具体的には、チームのメンバーのアイデアを否定せずに、肯定的に受け入れるということです。2つ目は、特に各教科等の活動や場面を限定せずにざっくばらんに意見を出し合うことです。ここでは、自由に子どもの姿をイメージすることをまずは大切にします。

　このように、行動目標を子どもの姿として具体化していくことで、イメージしやすいのはどの項目か、どの項目がイメージしにくいのかもはっきりと見えてきます。

（　○　）年生

学校教育目標	たくましく　美しく			
行動目標	挑む力	やり抜く力	認め合う心	支え合う心
子どもの姿	主体性をもって物事を決めて取り組む力	目標を達成するためにどうしていくのかを見通す力	自分とは異なる意見や立場を認め、折り合いをつけていく態度	互いに分かり合い支え合える態度
	学校を自分たちでよくしていこうとする意識	答えは同じでも別の方法を試したり考えたりする力	他人の考えを認める心	他者の立場に立って共感し、助け合うことができる態度
	自分はどうなりたいのか、どんな目標をもって取り組むのかを設定する力	自分が決めたこと・選んだことに責任をもって最後まで取り組む力	異なる意見に対して否定するのではなく、相手の考えのよさを見つけることができる力	相手の立場になり、力を貸すことができる態度
	解決する問いを自分事として捉える力	失敗を恐れずに繰り返し取り組む力	違いや多様性を認め合える人間性	役割を分担し、互いのよさを生かしながらよりよい活動にしようする態度
	自分で課題意識をもつ力	色々なやり方・立場・場面を変えて分かったことや考えを振り返り、次に生かしてつなげようとする力	意見が異なっても部分的にでも共感できる箇所を見つけて認める力	お互いの苦手を補いながら、助け合う心

第2章　ビジョンを共有する　31

学年経営で共有するビジョン4

❶ 具体の姿をラベリングしたり、短い文章でまとめたりすることで子どもに伝えやすくする。

❷ 単元配列表上でどの教科のどの単元でどの力を育むのかを明確にする。

❸ 教科や学校行事、特別活動においても育成する力を意識する。

❹ 子どもに対しても分かりやすくビジョンを共有する。

❺ 学校・学年に合ったスタイルで進めていく。

1 分かりやすいラベリングや短い文章でまとめる

　具体の姿を拡散的に出し合い、イメージを共有できたところで、次に考えていきたいのは、「その姿を学年のどの学習活動で育んでいくのか」ということです。その前に拡散している言葉のままでは使いづらいため、グループ化したものにラベリング（名前を付ける）、もしくは端的に一文で表現することをおすすめします。

　そうすることで使い勝手がよくなったり、必要なタイミングで活用しやすくなったりすることが期待できます。要するに「絵に描いた餅にしない」ということです。

　この章の冒頭に書かせていただいたように、雰囲気がよく、成果を上げているチームには共通の合言葉があります。価値観を言語化した後に、共通の合言葉のイメージをしっかりとラベルまたは文章で残しておくことが重要なのです。

　残ったラベルや文章が固定的な意味をもち続けることに意味があるわ

けではなく、日常的に使うことによって意味が肉付けされたり、精査されたりすることによって、より共通言語として存在感を増していくということに価値があります。

また、ラベリングしたり、端的な文章として整えておいたりすることによって、子どもに伝える際にも使い勝手がよくなります。

【教育課程全体で育成する資質・能力】

学びに向かう力、人間性等

【挑む】
　自分たちの力で成し遂げたい目標や解決したい課題をもち、その実現に向けて粘り強く取り組もうとする態度

【やり抜く】
　目的達成・課題解決までの過程を見通し、対象や方法を選択・調整しながら、最後までやり遂げる態度

【認め・支え合う】
　他者の立場に立ち、他者の考えや行動を認め合いながら学びを進めようとする態度

（令和６年度については、「認め合う心」「支え合う心」を１つに合わせ、「認め・支え合う」として、校内の研究に取り組んだ）

---

2 単元配列表に並べて、重点化する

　次に学年として整えておきたいのは、単元配列表上において、どの教科のどの単元でどの力を育てるのかを配置することです。

　このプロセスがすごく重要です。ビジョンを共有すると言ったときに、ただ言語化すればいいわけではありません。大切なのは、具体的な目標と合わせて、その目標に迫るためにはどんな学習活動を中心に据えるのかも考えておくことなのです。

　その一歩として、まずは単元配列表を使い、重点化する単元を意識し、育成を目指す力をはっきりさせておきます。そうすることで、自分たちの教育活動の評価もしやすくなります。ここでの評価は、形成的評価で

理科	理科の世界をぼうけんしよう	あたたかくなって	1日の気温と天気	空気と水 ㊅	電気のはたらき	雨水の流れ	暑い季節	夏の星	わたしの自由研究	月や星の動き	すずしくなると	自然の中の水	水の3つのすがた
総合的な学習の時間	㊑「古町スイーツ」～私たちに何ができるのか～				㊑㊅「古町スイーツ」～お菓子づくりの秘密をさぐろう～ 認・支			防災そなえ隊！		「古町スイーツ」～古町スイーツを開発しよう～ 認・支			
音楽	1.音楽で心の輪を広げよう		2.歌声のひびきを感じ取ろう 認・支		3.いろいろなリズムを感じ取ろう		4.地域に伝わる音楽に親しもう		5.せんりつのとくちょうを感じ取ろう		6.せんりつの重なりを感じ取ろう		

第2章　ビジョンを共有する　33

あり、即時的に活動を改善していくための評価を意味しています。ここで示している単元配列表は、3つの「挑む」「やり抜く」「認め・支え合う」を各教科にどのように配置するのかをひと目で分かりやすく表現することを心がけました。

3 教科や学校行事、特別活動こそ、意識する

さらに、この単元配列表をつくって終わりにしないためには、一単位時間や学校行事にまで落とし込んでいく必要があります。

例えば新潟小学校では、各教科等で右図のように、「挑む」「やり抜く」「認め・支え合う」を具体の姿として記載するようにしています。

合わせて、児童会祭り等の行事においても、計画の段階からどの項目を重点的に育むのかを明示し、意識するようにしています。

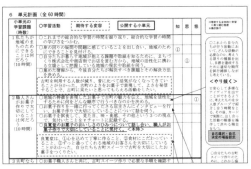

「総合的な学習の時間指導案」より抜粋

「児童会祭り実施計画」より抜粋

4 子どもと共有すること

学校の主役と言えば誰か。それは言うまでもなく、子どもたちです。子どもたちにこそ、このビジョンを共有し、意見をもらう仕組みをつくることができたら理想的です。「こんな1年にしよう」「こんなふうにみ

んなに育っていってもらいたい」という願いを子どもたちに分かりやすい言葉で伝えていきます。

具体的には、以下の手順が考えられます。

①4〜5月に学年集会を開き、「先生たちの願い」として、どんな子どもに育ってほしいのかビジョンを伝える。
②子どもたちが、先生たちの願いを聞いた上で、どんな1年間にしたいのか、どんな自分たちになりたいのかを各クラスで話し合う。
③次の学年集会で各クラスの話し合いの結果を伝え合う。
④それぞれのクラスの結果を踏まえ、学年の目標を言語化する。
　（できれば、子どもたちの手でまとめたい。学年全員で話し合うことは難しいので、各クラスの代表の子ども数名が、KJ法的手法やテキストマイニング等を使い、端的に言語化する）

大切なことは、先生も学年の一員として「願いをもって、この場に立っているんだ」ということを伝えつつ、子どもたちの大切な意見を中心に据えながら、この学年を一緒につくっていくという姿勢を示すことです。

教師の積極性と子どもの主体性がより豊かに発揮され、相乗効果を生むことができる。私は、そんな学年を目指していきたいと思っています。そのために、こうしたプロセスは欠かすことができません。

5 学校・学年に合った方法スタイルで

学校や学年の状況で、ここまで系統的な取組は難しい場合もあることでしょう。そうしたときに、学校教育目標をもとに、「学年でこんな姿を育てたいよね」という話し合いの場を少しでももつことができれば十分だと考えています。無理せず、自分の学年に合った方法が一番です。

第 3 章

リーダーシップを
発揮する

学年主任に求められる
リーダーシップ

❶ 分散型リーダーシップが学年を柔軟で強いチームに変える。

❷ 適切な役割を示し、分散型リーダーシップを成立させる。

❸ 見通しをもち、調整役を担う。

❹ いつ、誰が何をするのか、分かりやすい仕組みをつくる。

❺ ルールやきまり、体験の機会を保証して整える。

1 分散型リーダーシップ

　学年主任に求められるリーダーシップを考えていく上で重要なことは、メンバーそれぞれの強みが最大限に生かされる学年経営に注力すべきであるということです。一人でできることには限りがあります。自分がするよりも、チームの仲間に任せたほうがうまくいくこともたくさんあるはずです。さらに、チームの仲間は大切な役割を任されることによって、その思いを意気に感じ、責任感をもって仕事に取り組んでくれる可能性も高まります。

　改めて確認したいことは、リーダーシップとは決してトップダウンで押し付けるものではないということです。学年主任に求められるのは、メンバーが各々の役割で個々の強みを生かし、全員がリーダーシップを発揮する「分散型リーダーシップ」で学年を運営していくことなのではないでしょうか。

■2つのリーダーシップの違い

トップダウン型リーダーシップ　　　分散型リーダーシップ

　分散型リーダーシップのよさの１つは、組織内の知識や経験を共有しながら、その場に応じた最適なアイデアが生まれやすくなることです。もう１つのよさは、一人一人が場面に応じて、チームを牽引するリーダーとなる機会があるため、全員が当事者意識をもって、学年に関わることができるということです。トップダウンのチームでは、新しいアイデアは生まれにくく、自分がやらねばならないという意識をもちにくいことは容易に想像できます。
　こうした分散型リーダーシップが発揮されているチームにおいては、互いの多様性が認められ、変化にすぐに対応できるマネジメントが可能となります。

2　役割を示す

　機会に応じてチームの様々なメンバーがリーダーシップを発揮できるという状況は、とても素晴らしいことであるのは言うまでもありません。しかし、自然にそうした状況が構築できるかと言うと決してそんなことはありません。やはり学年主任の役割がここにも確かにあります。
　分散型リーダーシップを成立させるための鍵は、「役割を示す」「役割

を分担する」ことです。適切に役割分担がなされているからこそ、それぞれが得意な分野においてリーダーシップを発揮できるようになります。

3 見通す

それぞれが得意な分野で活躍する一方で、その楔となって、みんなを調整して担う役割が必要となります。互いのよさを十分に活かす分散型リーダーシップを発揮する中で、学年主任が見通しをもち、調整役を担っていくことはとても重要なことなのです。

見通すと一言で言っても、その方向性が多岐に渡るのが学年主任の難しさです。自分のクラスをもちながら、学年のメンバーに見通しを示すのですから、そう簡単なことはありません。

具体的には、年間の予定、月の予定、週の予定、学習の進度、行事の進め方等、様々な側面での見通しが求められます。他の学年の先生方の先を歩き、事前に必要となる準備をする力が求められます。

4 仕組みをつくる

仕組みをつくることも学年主任の大切な役割です。ここで言う仕組みとは、いつ、誰が何をするのかを分かりやすく整理した流れのことです。「ルーティン化した流れ」とも言えます。

例えば、見通しをもつために、次の週の日程を確認する時間を学年会でもつとしましょう。これを、いつも場当たり的に行っていくのではなく、何曜日の何時から、どのツールを使ってどんな内容のレベルまで確認するのかをあらかじめ決めておくことで、安定的で持続的に意味のあるミーティングを開くことができます。

例えば、週の予定の確認をいつするのか、何を使って、どの内容を共有するのか、こういうことが習慣化されていくことが重要です。こういう仕組みを学年の先生方に提案し、構築していくことも学年主任の大切

な仕事なのです。

5 整える

オープンな議論の場を設けたり、それぞれの挑戦を認め合ったりしながら学年を運営していく中でも、全クラスで整えておかねばならない事項がいくつかあります。主に次の2つが大切なポイントとなります。

①ルールやきまりに関わること
②子どもたちの体験の機会の保証

まず、「ルールやきまりに関わること」についてですが、特に安全や人権を重視する必要があります。できる限り子どもたちが納得し、共通認識をもてるようにすることが大切です。

例えば、クラス内での話し合いの方法や遊び方などは、クラスのメンバーによって異なる場合があるため、子どもたち自身と一緒につくり上げるべき部分です。しかし、用具の使い方や廊下の歩行といった安全に直結するルールや、人権に関わる基本的なきまりについては、全クラスで統一する必要があります。

次に、「子どもたちの体験の機会の保証」についてです。例えば、夏休みや冬休み前、学期の終わり等の時期には、子どもたちが体験すべきことや学ぶべき内容を学習することできているかを各クラス間で確認することが求められます。資質・能力の育成が重要ですが、学習活動自体がきちんと行われているかどうかを確認し、整える必要があります。

その他にも、代表児童の人数や掲示物、家庭学習の内容、持ち物の管理など、多岐に渡る調整がありますが、これらも子どもたちに不利益が生じないように配慮して整えることが大切です。学習活動自体はクラスごとに異なることがあっても、子どもたちが満足感を得ながら、必要な力を確実に身に付けられる環境を整備することが重要です。

第3章 リーダーシップを発揮する 41

思い切って任せる

❶ その道の専門家に仕事を思い切って任せることが大切。

❷ 仕事は最後まで任せて、途中で引き取らないようにする。

❸ 方向性を示して、繰り返しフィードバックする。

❹ 仕事を分担することで、それぞれがリーダーシップを発揮できるようにする。

1 思い切って任せる

　学年主任であっても、判断に自信がもてない分野や仕事の見通しが立たない分野は必ずあるものです。そうした場合には、躊躇することなく、その仕事を無理なくこなせる人や、信頼して任せられる人に思い切って任せるべきです。

　私自身の経験では、学年で取り組む音楽会について、曲の選定や練習のスケジュール、子どもたちへの指導を、音楽の指導経験が豊富な先生にお任せしたことがあります。その結果、音楽会は大成功。お願いして本当によかったと心から思える経験となりました。

　これは何も学校内だけに限ったことではありません。実は私たちは日常的に、外部のリソースを活用する形で「任せる」ことを行っています。例えば、防災の学習をする際には防災士の方に学校に来ていただいて話を伺いますし、昔の暮らしについて学ぶ際には博物館の方に話をしていただくこともあります。こうした外部の力を借りることも、広い意味では「任せる」ことの一環です。

その道のプロに力を借りることで、子どもたちの学びの質は確実に向上します。また、予想外の成果が得られたり、自分自身にとっての学びにつながることも少なくありません。

特に、真面目で仕事に熱心な方や、周りに気を遣いすぎてしまう方ほど、つい自分で抱え込んでしまいがちです。しかし、学年の仕事をうまくチームの仲間にお願いしていかないと、学年主任として必要な仕事（子どもへの対応や保護者対応、他クラスとの連携など）が急に舞い込んできた際に、余力を残すことができません。

こういった仕事は、予測がつかないタイミングで発生するものです。そのため、自分にしかできない仕事や、自分だからこそ力を発揮できる仕事に集中するためにも、あらかじめリソースを確保しておくことが大切です。だからこそ、「思い切って任せる」ことが重要なのです。

2 引き取らない

大切なことは、やり出したらその人に任せること、すなわち「任せた仕事を引き取らない」ことです。

学年のメンバーがある程度やった仕事を見せてくれたとき（意見を求めてくれた）に、「あぁ、もう少し〜するといいのに」「自分がやったほうが早いかも」などと思ってしまう場面があるかもしれません。そして、「後は、任せてください」と、その仕事の仕上げを引き取ると、学年のメンバーは、ラッキーと感じるかもしれません。正直なところ、私自身も自分の仕事を引き取ってもらえて、「助かった〜。ラッキー」と思っていた時期もありました。

ちょっと極端な例で表現すると、指導案を自分なりに書いてみる、7割くらいの出来のものを学年主任や研究主任に提出して、その後は書いてもらう。ここまで極端な例はあまりないかもしれませんが、正直なところこういうふうに仕事を引き取ってもらうと、その引き取ってもらった人の力が伸びることはありません。

第3章 リーダーシップを発揮する　43

なぜなら、その人は無意識のうちに手を抜いてしまうからです。足りない部分を主任が補ってくれるので、あと一歩の詰めや粘りがなくなってしまいます。仕事で重要なことは、「ディティールにどこまでこだわることができるか」です。

私が考える教師として最も大切な力は、イメージする力だと思います。子どもがどんな発想でどんな発言をして、どんな行動をするのかを授業の細部まで想像できる力と言えます。実際の授業づくりでは、45分間の最後の1分までイメージし抜く、そういった力が私たち教師には求められています。

こうした力を付けるためには、やっぱり最後の詰めまでしっかりと自分で考え抜く必要があります。故に、途中で仕事を引き取ってしまうことに関しては成長の機会を奪ってしまっていると言えるでしょう。

3 方向を示し、フィードバックする

自分で考え抜き、完成させて、最終的な責任を自分自身で引き取る。こうした経験を通して、私たちは教師としての力量を高めていきます。だから、チームのメンバーのことを思うならば、簡単に仕事を引き取るようなことをしてはいけません。

これは、決して仕事のアドバイスをしてはいけないと言っているわけではありません。事前に昨年度の資料をデータ等で渡すこともちろんすべきですし、むしろ何が足りないのか、どうすればもっとよくなるのかを丁寧に伝えるべきです。こうしたフィードバックは、手間がかかると感じるかもしれません。しかし、成長に近道はありません。この営みを繰り返す他に道はないのです。

やってはいけないのは、ダメなところだけを伝えることです。相手がどの方向に向かって、何をすればよいのか、その方向性をしっかりと示します。「方向性は示すが、ディティールは本人に考えてもらう」ことが重要です。

44　　思い切って任せる

細かいフィードバックを何度も繰り返すことで、粘り強く考えながら、責任をもって仕事を仕上げることができるようになります。

もしかしたら、少々チームのメンバーには厳しい学年主任と思われるかもしれません。しかし、「面倒だったけれど、やり遂げてよかったな。成長できたな」と思ってもらえるのは、やり切った経験があるからこそのものなのです。

4 分担してみんなで力を発揮する

役割を割り振り、各々が力を発揮すること、これは分散型リーダーシップの鉄則です。例えば、学年内での行事計画や授業運営を効率化する際、それぞれの教師が得意分野を活かして役割を担うことでチーム全体の力を最大化できます。この分散型リーダーシップの成否を握るのが、学年内の役割分担です。具体的には、学年に関わる仕事をリストアップし、メンバーの校務分掌、経験年数、専門教科、本人の強みを考慮してたたき台を示します。

仕事を分担する際に重要なのは、仕事の量を平等にすることではなく、各々の負担感やかかる時間を見越してなるべく平等にすることです。同じ仕事でも、例えばICTに強い人が会計用のエクセルシートを作成する場合と、初めて作成する人では時間や負担感が異なります。ICTに強い人なら30分でつくれる作業も、初心者には数時間かかることがあります。それぞれの経験や強みを活かして役割を分担することで効率を上げます。一方で、その人が未経験の仕事でも、キャリアを考慮してステップアップにつながる場合には、難しい仕事をお願いすることもあります。

このように気を配りながら役割を分担しますが、学年のメンバーの家庭状況や現在の仕事量など、見えない部分の負担も多いと思います。そのため、一旦たたき台を作成し、具体的な提案を示した上で学年のメンバーと相談し、最終決定を行うようにするとよいでしょう。

第3章 リーダーシップを発揮する

着実な行事運営のために

① 行事を通して、どんな育ちを期待するかをしっかりと話し合う。

② 学年内の役割を分担し、スケジュールを立てる。

③ しおりはできる限りデータ化し、共有する。

④ 実行委員の決定方法と役割を明確にする。

⑤ 子どもが活躍する場面を明確にする。

1 どんな育ちを期待するかを話し合う

　行事を運営する上で最も重要なのは、行事を通じて子どもたちにどのような成長を期待するのか、目的を明確にすることです。学年のメンバーでしっかりと目的や期待する成果を共有し、目指す方向性を一致させましょう。これは、全員が同じビジョンに基づいて行事を運営するための土台となります。

　例えば、宿泊体験学習を企画する際には、ビジョンの共有でまとめた「挑む」「やり抜く」「認め・支え合う」の中で、この行事では、何に重点を置くのかを全体の活動を俯瞰した上で決定します。その上で、「認め・支え合う」に重点を置き、「他者を思いやり、互いに支え合い、協働的に活動する」という目標を立てたときに、それがどの活動にどう反映されるかを考えていきます。

　具体的には、グループでのオリエンテーリングを行うことで他者を思いやり、協力する姿勢を育む機会を設けるのか、それとも個々の創造性を活かした自然物工作に時間を割くのか、といった選択を行う際にこの

目標を指針とします。

　目標を明確にしておけば、内容の選択がスムーズになり、迷った際の指針ともなるため、前年の内容をそのまま踏襲することなく、シンプルに子どもの育ちのために活動を選択したり、新たな工夫を生み出したりしやすくなります。

2 ｜ 役割分担とスケジュール

　行事運営の成功には、綿密なスケジュール作成が必須となります。スケジュールは行事当日から逆算して設定します。

　例えば、行事の内容によっては、以下のように段階的に計画を進めると効果的です。

・**行事本番**（10月20日）：全体がスムーズに進行するための最終準備を完了。

・**全体リハーサル**（10月10日）：全体の流れを確認し、役割の最終調整を行う。

・**学級ごとの準備完了**（10月5日）：各クラスで必要な道具や資料を揃え、最後の仕上げ。

・**学年集会**（9月10日）：学年全員が集まり、全体の流れについての共通理解を図る。

・**実行委員会の発足**（8月28日）：教師と子どもたちで大まかな企画を作成。

　このように余裕をもった計画を立てることで、子どもたちが準備や練習にしっかり取り組む時間を確保し、予期せぬトラブルにも柔軟に対応できます。

　子どもたちには役割を割り当て、自主的に活動できる機会をなるべく多くつくりましょう。「学年全員が主役」という意識を子どもたちにもたせることがポイントです。

前述のスケジュールは、子どもの大まかな予定で、教師サイドについてはもっと前から準備を進めていきます。学年内での役割分担と明確なスケジュール設定が欠かせません。まず、教師間で役割分担を詳細に行い、責任の所在をはっきりさせましょう。「誰かがやってくれるだろう」という曖昧さは、仕事の抜けや漏れを招きがちです。さらに、Googleスプレッドシートやカレンダーで一人一人がいつまでに何をするのかというスケジュール表を作成します。そうすることによって、互いに声を掛け合いながら準備を進めていくことができるようになります。

月日	子ども	A先生	B先生	C先生
7/7		全体計画立案		実行委員計画
7/15			業者発注	
			スライド作成	
8/28	実行委員集合	全体指導		実行委員指導

3　しおりのデータ化

　行事の準備を効率的に進めるために、しおりや計画書は可能な限りデータ化しましょう。共有可能なクラウドツールを活用し、エクセルやスプレッドシートで全ての先生がどこからでも共同編集できる仕組みを整えるのがおすすめです。これにより、好きな場所や時間で作業が可能となり、効率が大幅に向上します。

　また、コメント機能を活用して、気になる箇所や質問点を事前に共有することができます。学年会の場では作業をするのではなく、報告や相談に集中できるようになります。

　また、「全員が揃ってから作業を始める」のでは時間がかかりすぎたり、時間に制約がかかったりしてしまうため、デジタルツールを駆使して全員の時間を有効に使いましょう。

4 実行委員の決定と役割

行事運営では、各学年で代表となる実行委員を決めることがあります。この際、学年内で人数や選出方法を統一することが重要です。クラス間で違いが出ると、子どもたちに不公平感を与える可能性があります。

実行委員の決定プロセスでは、教師間で事前に情報を共有し、子どもたちが納得できる形で話し合いを進められるようにしましょう。また、選出後は役割を具体的に示し、実行委員がどのように行事に関わるのか、仕事の分担を明確にします。

5 子どもが活躍する場面

行事において、子どもたちがどの場面で意見を出し、どの部分で主体的に関わるかを明確にしましょう。例えば、宿泊体験のスケジュールや大枠の進行は教師が決める場合が多いですが、キャンプファイヤーの出し物や流す曲、司会進行の内容などは子どもたちと共に考えることができます。大枠の方針を教師が示し、その中で子どもたちが自由にアイデアを出せる場を設けることで、子どもたちの主体性を引き出しつつ、行事の全体像をしっかりと保つことができます。

また、子どもたちが自分たちのアイデアを形にする中で成功体験を得られるよう、教師は適切なタイミングでアドバイスやサポートを行います。

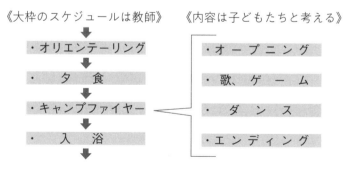

年間予定・行事を把握する

① 「見通し」が、子どもと教師の未来を支える鍵となる。

② 年間計画で学期や行事の全体像を把握し、安心して学年運営を進める土台を築く。

③ 行事準備は計画的に。学年の先生方や保護者との連携を図る。

1 「見通す」ことの大切さ

　「見通す」ことは、学年主任として非常に重要な役割の１つです。見通しをもたずに行き当たりばったりで日々の学習活動を進めてしまうと、次のような事態が起こり得ます。

- ・予定されていた学習活動が終わらない。
- ・子どもにも教師にもゆとりがなくなる。
- ・教師主導の学習活動になってしまう。

　このように、子どもたちや学年の先生方にとって望ましくない結果が待っています。見通しをもつことは、子どもたちが焦らずに自分たちの選んだ方法や順序で学習を進めるために、また、先生たちが先を見通して安心して学習活動を展開できるようにするために、必要不可欠です。

2 年間計画を用いて全体を俯瞰する

　まず、学年主任として取り組むべき最初のステップは、年間計画を大

まかに把握することです。学校全体の学期始まりや終わり、主要な行事の日程を確認します。特に異動初年度で学年主任を任された場合には、その学校特有の行事について、また運動会や遠足などの詳細を事前に経験者に確認しておくとスムーズです。

3 学年に関わる活動・行事をピックアップする

　次に、学年に関わる活動や行事をピックアップします。

　例えば、6年生の場合、1年生を迎える会、運動会、修学旅行、社会科見学、卒業文集制作、そして卒業式などがあります。これらをリストアップする際には、年間計画を参考に、どの時期にどのような準備が必要かをメモしておくとよいでしょう。また、過去の資料やデータを確認しながら、それぞれの行事に必要な具体的なタスクやスケジュールを洗い出します。

　大切なのは、その学習活動や行事がいつごろから、どのような準備をする必要があるのかを具体的に確認することです。リストアップが終わったら、大きな行事について過去のファイルやデータが蓄積されたフォルダをざっと確認しておきます。

　特に、修学旅行や社会科見学など、学校外の関係者や施設が絡む行事は確認が必要です。施設への事前連絡やバス・電車の予約など、直前の対応で間に合わないものについては早めに対応します。

　そして、これらの活動や行事は、学年の先生方に早めに共有しましょう。具体的には、定期的なミーティングを開催したり、メールや共有フォルダで情報を伝えたりする方法が効果的です。学年主任だけが把握しているのではなく、ミスを減らすためにも先生方全体に伝え、互いに時期を見て声を掛け合えるようにします。また、保護者にもお便りや懇談会で伝えていきます。これにより、宿泊等の準備や心構えを事前に共有することができます。

第3章　リーダーシップを発揮する　51

スケジュールを共有する

① スケジュールの確認は、学年の動きを調整するために不可欠なプロセスである。

② スケジュールを確認をするサンプルとしては、できるだけデジタル形式を取り入れる。

③ 学年でスケジュールを確認する際のポイントは大きく４つある。

　学年主任としての役割を果たすためには、スケジュールの共有が重要です。適切な情報共有は、学年全体における仕事の効率を高め、チームの結束を強化する要となります。スケジュールの共有が円滑に進むと、学年の活動全体がスムーズに運営され、子どもたちの学びや体験にもよい影響を与えます。以下では、スケジュール共有において、特に心がけるべきポイントを３つの観点からお伝えします。

1 スケジュールの確認について

　スケジュール確認は、学年の動きを全員で調整するために不可欠なプロセスです。可能であれば、毎週の学年会でこの時間を確保するようにしましょう。この際、学年主任はサンプルとなる週の予定を用意して、情報の共有を図ります。例えば、次週の学習計画を明確に示し、教師全員が同じ理解に立てるよう努めます。また、緊急の予定変更や特別な行事が発生した場合には、迅速に対応できる体制を整えることも重要です。スケジュール確認の時間は、単に予定を確認するだけではなく、教師間

の意見交換や理解を深める場としても活用しましょう。こうすることで、個々の教師の計画が学年全体の動きと調和し、結果的に子どもたちへの指導がより効果的になります。

2 スケジュールを確認するためのサンプル

　スケジュールを共有する際には、デジタル形式での提供をおすすめします。例えば、Googleスプレッドシートを活用すれば、全員がリアルタイムで最新の情報を確認・更新することができます。

　また、特定のフォーマットをあらかじめ準備しておくことで、必要な情報がひと目で分かり、情報を探す手間を省くことが可能です。このような工夫により、学年のメンバーがすぐに使える形で効率的な共有が実現します。具体的には、以下の点を考慮してください。

■ フォーマットの選定

　ExcelやGoogleスプレッドシートのような簡単に編集・共有できるツールを活用しましょう。必要に応じてコピーや改変がしやすい形式にしておくことで、先生同士の連携がスムーズになります。

■ 転用可能な資料

　その週の予定をクラスに配布している場合は、それをそのまま使用可能な形で提供するのが理想的です。

■ 事前準備の徹底

　使用するデジタルツールの操作方法を全員が理解しているか確認し、必要であれば事前に研修を行いましょう。

　デジタル形式の利点は、情報を簡単に共有・更新できる点にあります。例えば、行事やイベントの準備が進むにつれて必要な情報が追加された

場合でも、即座に反映することが可能です。これにより、全員が最新の情報をもち、効率的に行動することができます。

3 実際にスケジュールを学年で確認するポイント

スケジュールを共有する際には、以下の点を重点的に確認しましょう。

1 行事等の確認

例えば、全校集会、縦割り班活動、校外学習、運動会、授業参観等については、時間・場所・持ち物など、事前準備が必要な項目を明確にして、詳細に内容を確認してください。合わせて、各行事の責任者を決め、必要な準備が円滑に進むようサポートしましょう。

2 授業時数の確認

日々の授業時間数や下校時間を確認します。自身の思い込みや間違いを防ぐため、他の教師にもチェックをお願いしましょう。特に短縮授業や特別日課がある場合には、確実に保護者へ連絡ができるように注意してください。

3 学習内容の確認

各クラスが現在取り組んでいる学習内容や使用教材を確認します。特に、学習実施場所の重複がないよう配慮しましょう。授業実施場所や使用する道具の重複を防ぎます。必要に応じて、進捗状況や問題点を共有し、改善策を話し合う場を設けるとよいでしょう。

4 学期の始まりと終わりの特別な確認

学期はじめや学期末には、特に丁寧に確認を行います。何をどの時間で伝えるのか、配布する物・回収する物はどんな物があるのかを細かく調整してください。

さらに、この時期には、学年会の有無にかかわらず当日の振り返りと、次の日のスケジュール確認に３分ほどの時間を確保するだけで、みんなが安心して子どもたちの前に立つことができるようになります。日々の確認が、教師間の信頼関係を強化する大きなきっかけになります。

○年○組学習予定

6月26日～6月30日

日にち	6月26日	6月27日	6月28日	6月29日	6月30日
曜日	月曜日	火曜日	水曜日	木曜日	金曜日
行事等	防災合宿前健康診断	クラブ	水泳授業	いじめ見逃しゼロ集会歯肉炎予防教室	漢字50問テスト水泳予備日6/28に入水できないときは、この日に水泳を予定しています。
スキル8:15-8:30	国語	算数	国語	算数	国語
18:40-9:25	国語一つの花	算数垂直・平行と四角形	算数垂直・平行と四角形	国語つなぎ言葉	国語or体育短歌・俳句水泳予備日
29:30-10:15	社会○○先生担当	図工○○先生担当	理科○○先生担当	算数垂直・平行と四角形	算数or体育水泳予備日
20休み					
310:35-11:20	理科○○先生担当	国語一つの花	体育水泳授業☂体育	行事歯肉炎予防教室	国語漢字50問テスト
411:25-12:10	算数垂直・平行と四角形	総合インタビューの計画	体育水泳授業☂国語	書写習字	理科○○先生担当
昼休み				いじめ見逃しゼロ集会	
513:40-14:25	体育ソフトボール投げ	音楽いろいろなリズムを感じ取ろう		学活防災合宿に向けて	算数垂直・平行と四角形
614:30-15:15	総合インタビューの計画	クラブクラブ活動		社会○○先生担当	総合インタビュー
下校時刻	15:30	15:30	13:10	15:30	15:30
持ち物児童連絡	・赤白ぼうし・体育着・(給食着)	・クラブの道具			
家庭への連絡	☆今週の給食当番○番～○番です。(給食の準備では、全員がマスクを着用するのでマスクを持ってきてください。)☆28日から水泳授業を行います。準備をよろしくお願いします。　28日に入水できないときは、30日に水泳授業を予定しています。☆7月1日は学習参観です。　　8：15～8：30　朝の会　　8：30～9：15　道徳　（学習参観）　　9：15～9：30　帰りの会・下校				

第3章　リーダーシップを発揮する　　55

スケジュール共有の
仕組みづくり

❶ 学年主任の役割は、スケジュール共有を工夫し、効率よく円滑な運営を実現すること。

❷ 学年主任は３週間先を見据え、優先度に応じたスケジュール共有で効率的な準備を促す。

❸ ４月は慎重な計画が鍵。３週間分の予定を先読みし、スムーズな新年度を実現する。

❹ 個人スケジュールを共有し、効率的な連携と調整を可能にする仕組みを整える。

1 スケジュール共有の重要性

　学年主任の役割の中で、学年全体のスケジュールを円滑に共有することは非常に大切な仕事の１つです。スケジュールはただ配布するだけではなく、学年の先生方がその内容を理解し、実際の教育活動にスムーズに活用できるようにする必要があります。特に週の予定については、自分自身の作成のタイミングと、どの部分を学年会で具体的に共有するかを慎重に考える必要があります。

　例えば、学年会で予定を共有する際、全ての内容を詳細に説明するのではなく、優先順位をつけて確認すべきポイントを絞り込むことが重要です。その際、最初に全体の流れを簡潔に説明し、その後、緊急性の高い事項や全員の協力が必要な項目を詳しく話し合うと効果的です。また、会議前に事前資料を配布し、議論の焦点を明確にすることも優先順位をつける方法の１つです。無理なく、しかし必要なことはきちんと伝える

ことで、予定の漏れや誤解を防ぐことができます。

2　3週間分のスケジュールを準備する

　スケジュールの共有において、学年主任が意識しておきたいのは「3週間分の予定を準備する」ということです。具体的には、「来週」「再来週」「再来々週」の3週分を念頭に置きながらスケジュールを組み立てます。

　学年会での共有時には、「来週」と「再来週」の予定を中心に話し合います。「来週」については特に詳しく時間をかけて打ち合わせを行い、スムーズなスタートが切れるように調整します。一方、「再来週」については、おおよその内容を把握しておいてもらうことを目的とし、細かな確認は後回しにします。「再来週」を事前に配布する主な目的は、予定されている特別なイベントや活動を見越して、「来週」にその準備を行うことです。例えば、再来週に防災授業がある場合、来週の学年会で代表の発表内容を決めるなど、計画的に進めましょう。

来週
予定が確定したものを示す。学年のメンバーで中身の確認。

再来週
内容の調整。イベントや行事はチェックしておく。

再来々週
学年主任は毎週、再来々週までを作成。基本的に学年のメンバーには示さない。

3　4月の始まりはスケジュールを入念に確認する

　年度のスタートである4月は、特に気を配る時期です。新年度が始まるこの時期は、子どもたちも教師も新しい環境に慣れる必要があり、行事や学習の進行が多岐にわたるため、特に慎重なスケジュール管理が求

められます。最初の3週間分のスケジュールをしっかり作成し、日々の流れを確認することで、学年全体が落ち着いて新年度を迎えることができます。

その後の週では、「再来々週」を新規で作成しつつ、「来週」の予定を確定させ、「再来週」の内容を調整するというサイクルで進めていきます。このように進めることで、学年主任の負担を軽減しつつ、スケジュールの見通しをもつことが可能です。毎週3週分を新たにつくるわけではないため、無理のないペースで進めることができます。

4 個人スケジュールの共有

もう1つの重要なポイントは、学年メンバー全員の個人スケジュールを互いに把握することです。学年の誰がいつ、どの会議に出席し、どんな出張予定があるのかを一覧にしておくことで、学年全体の予定がより調整しやすくなります。

ただし、学年主任が全てのスケジュールを管理するのは負担が大きいため、できるだけメンバー自身が情報を入力し、共有できる仕組みを整えることが理想的です。

例えば、Googleカレンダーやスプレッドシートを使用することで、個人の予定を入力しつつ全員がリアルタイムで更新状況を確認できます。また、共有カレンダーに重要な会議や行事を色分けして登録すれば、ひと目で内容を把握することができるので、学年のメンバー間の連携がスムーズに進むでしょう。

これにより、学年会の調整やメンバーの業務量の把握がスムーズに行えます。また、簡単に更新可能な方法を採用することで、メンバー全員の協力を得やすくなるでしょう。以上を実践することで、学年主任としてのスケジュール管理がより効率的で円滑になるはずです。ぜひ、実際の場面で試してみてください。

■個人のスケジュールの例

４月　学年予定表

日にち	曜日	学校の予定	個人の予定
1	月	8:20-8:50 オリエンテーション 9:00-9:30 職員朝会 14:40-16:00 学年学級の時間 （教材準備の時間） 16:10-16:30 職員校舎案内 16:10-16:30 ○○打合せ	B先生参加 B先生参加
2	火	14:00-15:00 ○○部会 15:10-16:30 学年学級の時間 （教材準備の時間）	C先生参加 16:00〜　○○へ出張　B先生
3	水	 9:00-10:00 ○○○○部会 11:00-12:00 ○○○○部会 14:00-15:00 ○○○○部会 15:10-16:10 ○○○○○部会 16:20-16:40 ○○○○○打合せ	8:15〜　引き継ぎ　A先生 14:00〜　研究大会打ち合わせ　A先生 15:50〜　総合引き継ぎ　C先生、B先生
4	木	9:00-10:30 入学式準備 10:45-11:30 ○○講習会 13:30-14:00 ○○研修 14:10-16:00 学年・学級の時間 （教材準備の時間） 16:00-16:45 ○○研修	8:00　総合打ち合わせ　A先生、B先生 A先生、B先生参加
5	金	9:00-10:30 ○○全体会 10:45-11:30 ○○研修 14:00-14:30　○○プロジェクトチーム 打合せ	C先生出張 8：00 机椅子運び　B先生 A先生参加
6	土		
7	日		
8	月	15:30〜16:00 ○○打ち合わせ 16:00〜16:45○○準備	13:30〜　○○小出張　A先生

子どもを理解するための
アプローチ

❶ 子どもをまるごと知るとは、性格や特性を把握し、安全な学校生活を支えること。

❷ 子どもを多面的に理解するための３つの方法を知る。

❸ 子どもを知るために関わりを深め、先入観を手放す。

1 子どもをまるごと知るとは

　子どもを知るとは、その子の性格的な特性、身体的な特徴、運動、学力、人間関係、アレルギーなどを含め、学校生活を送る上で支えとなる情報を得ることに他なりません。これらは、子どもが安心して安全に生活する上で、教師が知っておく必要があるものです。例えば、給食指導をする際には、個々の子どものアレルギーの有無を必ず把握しておくことが求められます。また、場合によっては身体的な特徴も学習活動を安全に行うために知っておく必要があります。

　一方で、子どものパーソナリティに関わる部分については、日々の関わりの中で「〜が好き」「〜が苦手」「粘り強さをもっている」といった情報を少しずつ蓄積していきます。明文化するのが難しい、その子の性格的な特性も踏まえ、受け入れることが、子どもをまるごと知ることにつながります。

　学年主任は、生徒指導上の問題があったときや、予期せぬ怪我やトラブルが起きた際には、担任とともに指導やサポートに当たる場合があります。そのため、自分のクラスだけでなく、学年全体の子どもに関する

必要な情報を手に入れ、把握しておく必要があるのです。

2 子どもを知る方法

●個々の児童・生徒の資料
●前年度からの引き継ぎの事項
●日々の対話と観察

　子どもを知るとは、その子を多面的に理解することです。その方法としては、上記の3つが挙げられます。多くの学校では、年度の始めに個々の資料（身体的な特徴や学習への向き合い方などが記載）を確認しながら、前年度の担任から引き継ぎとして説明を受けるという方法が一般的に行われています。

　この際、重要なのは、可能な限り顔写真を見ながら説明を聞くことです。これにより、文字情報と顔を結び付けて、より鮮明なイメージをもつことができます。名前と顔が一致することで、緊急時に迅速に対応できたり、個々の子どもに適切な支援を行いやすくなります。

3 関わりから得た感覚を大切にする

　「〜年生は元気がいい」「〜のクラスはおとなしい」など、集団に対する印象として子どもの様子が語られることがあります。しかし、そもそも集団は個々の子どもたちが集まってできるものです。まずは、一人一人と関わり、知り合うことが重要です。

　合わせて、先入観をなるべくもたないようにすることも大切です。子どもは、昨年うまくいかなかったとしても、環境が変われば、新しいクラスメイトや先生との関わりが増えたり、家庭での環境に変化があったりすることで、新たな力を発揮できる可能性をもっています。

第3章 リーダーシップを発揮する

総合的な学習の時間をつくる１
～多様な学びを生かし、学級の力を引き出す～

❶ 子ども、学級、学年を総合的な学習の時間で変える。

❷ 教師一人一人のスキルアップにつなげる。

❸ 総合的な学習の時間を揃えることの難しさについて。

1　子ども、学級、学年を変える総合

　近年、教育界では「探究」が大きなキーワードとなりつつあります。その中心にあるのが総合的な学習（探究）の時間です。この時間は、子どもたちが興味や関心を基に学びを深め、問題解決する力を高める機会を提供するものです。この時間は、ただ教科の枠を越えた学びを行うだけではありません。子どもたちの「やりたいこと」や「夢」を叶える場でもあります。例えば、ある学校では「まちを明るくしたい」という願いを子どもたちがもち、商店街でイベントを実施し、結果的に地域連携まで発展した事例があります。このような時間が「子どもたち自身の夢の実現」につながるのです。

　総合的な学習の時間が充実することによって、子ども・学級・学年全体の雰囲気や成長に変化が生まれます。この時間を有効に活用することで、子どもたち一人一人の成長はもちろん、学級や学年全体の絆が深まり、学びの質そのものが向上します。

　探究的な学習を通して、子どもたちは自分が興味をもつテーマに本気で取り組むことで達成感を味わい、「自分にもできた！」という手応えを得ることができます。また、課題の設定から情報の収集、整理・分析、

まとめ・表現までを自ら担うことで主体性や自己調整力が育まれ、他教科への積極的な姿勢にもつながります。

さらに、チームでの活動を通じてリーダーシップを発揮する子どもや、周囲を支える役割を見つける子どもが現れ、学級全体の協働性やまとまりを高める効果があります。こうした総合的な学習の時間を学年の充実に活用しない手はないと思います。

2 スキルアップにつなげる

学年主任の重要な役割の1つは、子どもたちの多様な発想と教師の目指すゴールをうまく結実させることです。子どもたち一人一人はとても豊かな発想をもっています。特に総合的な学習の時間においては、自分たちの思いや願いを叶えることができる時間だと夢を膨らませている子どもも少なくありません。

一方で、教師は子どもたちの思いを十分に生かしながら、子どもたちに身に付けてほしい資質・能力をしっかりと育んでいく必要があります。子どもたちの主体性と教師の指導性のバランスが取れた学習活動を計画していくことが求められます。

例えば、「地域の特産品を学んでみたい」という意見が子どもたちから出た場合、その意見をただ受け入れるだけでなく、その学びの先にある「深さ」を探ることが重要です。「深さ」とは、子どもたちがその学習活動を通してどんなことができるようになるか、どのような概念を得ることができるかを具体的に想像し、言語化しておくことです。

教師は「どうして地域の特産品に興味をもったのか？」「どんな目的のために、何をすべきなのか」と子どもたちに問いかけながら、興味を引き出し、体験を通して概念的な理解に結び付ける方法を考えます。具体的には、誰とどんなタイミングで出会い、どのような体験活動（情報収集）を行い、どんな表現をしていくのかをイメージしていきます。

こうした授業の構想によって、子どもたちが自分の考えを深め、広げ

第3章　│　リーダーシップを発揮する　　63

るきっかけになります。学年主任としては、それぞれのクラスで展開された活動を共有し合い、子どもたちの活動にどのように対応するのかを話し合うことがチームとしての学びの質を高めることにつながります。

　子どもの主体性を生かしながらも、確実に資質・能力を育むことをねらった単元を構想する際には、逆算型の計画（バックワードデザイン）を行うことが重要です。例えば、「地域の魅力を伝えるためのお菓子をつくろう」という活動では、どのような力を身に付けてほしいのかを言語化し、そのための体験活動や表現の仕方を逆算して計画しました。「①地域が抱える課題に気付く」「②お菓子づくりについて知る」「③職人さんと関わりながらお菓子を開発する」「④お菓子を広める」「⑤活動を振り返る」といった活動を計画しました。

　さらに、クラスの状況に応じて活動内容を調整しながら、子どもたちが学習活動そのものを選択・決定する機会をしっかり設けていきます。こうした舵取りを子どもたちに委ねることで、学習者である子どもたちが主体となって学びを進めていくことができます。

　柔軟に活動を調整しながら進めることで、子どもたちはより実感をもって学ぶことができ、教師自身も単元をデザインする力を高めることが期待できます。

3　総合的な学習の時間を揃えることの難しさ

　総合的な学習の時間は、子どもたち一人一人の興味や関心を基に学びを深める大切な時間ですが、その進度や活動を学年で揃えることには大きな難しさがあります。これは、単に教師の努力や工夫で解決できるような問題ではなく、総合的な学習の性質そのものに関係しています。

　まず、子どもたちの興味や関心は多様です。ある子は環境問題に興味をもち、また別の子は福祉に関心を抱いているかもしれません。このような多様な好奇心を尊重せず、「全員で同じテーマを同じタイミングで進めましょう」とするのは、自然な学びの流れを妨げる可能性がありま

す。総合的な学習の時間は、本来、子どもたちの「やりたいこと」や「知りたいこと」を尊重し、個性を活かす場であり、画一的に揃えることはその本質に反する場合もあります。

さらに、学級単位で取り組む場合、クラスごとのテーマや進む方向が異なるのは当然のことです。学級の人数や子どもたちの雰囲気、担任の先生の専門性や経験値など、様々な要因が関わります。例え学年が同じテーマを選んでも、取り組み方や進度に違いが生じることはごく自然なことです。

また、足並みを揃えることにこだわると、子どもたちにとって必要感のない体験活動を行ったり、地域の方や名人の話を聞いたりすることになってしまいかねません。同じ活動で、同じタイミングで、同じ表現方法で、ということを目指すと、学びの本質を見失ってしまいます。

こうした背景から、総合的な学習の時間で足並みを揃えることには大きな困難があります。もちろん、学年全体での統一感を求めることも大切ですが、それが「同じテーマ」「同じペース」という形式的な統一に終始するのではなく、「多様な学びを認め、共有し合う」という方向性を意識することが重要です。

進度を揃えることの難しさを認識しつつ、多様性を大切にした学びをどのように支えるか、これこそが、総合的な学習の時間における学年主任としての腕の見せどころです。

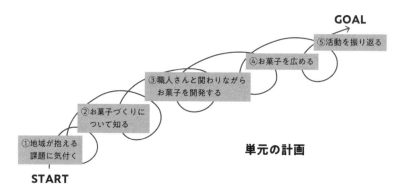

単元の計画

総合的な学習の時間をつくる2
～学年全体のバランスと一人一人の個性を生かす～

> ❶ 「教材単元」と「経験単元」の違いを理解し、子どもの意欲を引き出す学びをデザインする。
> ❷ 4つの総合的な学習の時間のタイプの違いについて知る。
> ❸ 学年単位での計画とクラスの自由度を調整し、子どもの主体性を引き出す。

1 教材単元と経験単元

　総合的な学習の時間について考えていく際に、まずは「教材単元」と「経験単元」という捉え方について押さえておきたいと思います。

　「教材単元」は、親学問（基礎学問）の体系的な知識や技能を子どもたちに段階的に教授するために設計されたカリキュラムに基づいています。主に教科書を用い、系統的で計画的な学習を進めるのが特徴です。基礎的な学力を効率よく身に付けやすく、内容が整理されているため評価もしやすい一方で、子ども自身の興味や実生活との結び付きが弱くなってしまう場合もあります。

　「経験単元」は、子どもたちの生活経験や興味・関心を基にカリキュラムを構成し、主体的で探究的な学びを促します。探究的な学びを通して、問題解決する力を育成することを目的とします。柔軟性が高く、子ども自身の意欲を引き出す点で効果的ですが、特に計画や評価の難しさが課題となります。

　総合的な学習の時間は主に「経験単元」に当たります。だからこそ、

子どもたちの意欲や本気を引き出しやすい単元づくりを行うことができる一方で、子どもの多様な発想を生かしながら単元を計画していく難しさに頭を悩ませている方も多いのではないでしょうか。

2 4つの総合のタイプ

　小学校や中学校で行われる「総合的な学習の時間」は、主に次の4つのタイプに分類されます。それぞれのタイプには独自の特徴があります。

①個人総合：最も自由度が高いが、教師の準備量が最も多い。
②グループ総合：自由度が高まり、準備量も多い。
③学級総合：やや自由度が高く、準備量もやや多くなる。
④学年総合：活動の自由度が低く、教師の準備量は上の3つに比べて少ない。

　まず、「個人総合」は、子ども一人一人が興味や関心を基にテーマを設定し、独自に探究を進める形式です。これにより、主体性や自己表現力が育まれる一方で、教師が個別にサポートする負担が大きくなることがあります。

　次に、「グループ総合」は、複数の子どもがグループを組んでテーマに取り組む形式で、協力や役割分担を通じてチームワークやリーダーシップを養います。

　また、「学級総合」は学級全体で1つのテーマに取り組む形式で、一体感や責任感を育む機会を提供します。個々の意見が埋もれる可能性がある点が課題です。「学年総合」は学年全体でテーマに取り組み、大規模な活動を通じて達成感や学年の一体感を得る形式です。しかし、規模が大きい分、計画と調整の難しさが伴います。

　グループを構成する人数が少なくなればなるほど、子どもたちの選択や活動の自由度は高まりますが、一方でそれを支える教師の準備はより多くなっていくことが予想されます。

第3章 ｜ リーダーシップを発揮する

3 総合的な学習の時間を学年で バランスよく成立させるために

　総合的な学習の時間を学年単位で計画し、進める際に大切なことは、子どもたち一人一人の思いや願いを大切にすること、そしてクラスごとの活動が充実することです。

　この2つをバランスよく成立させることが、学年主任にとっての大きな挑戦となります。多くの学校では、学年全体で同一のテーマを設定し、各クラスがそのテーマに沿った活動を行うケースが一般的です。この方法には多くの利点があります。

　例えば、教師間で教材研究やアイデアの共有がしやすくなることや、学年として関わる対象（例えば、行政の方やその道の名人など）への対応が一本化できることが挙げられます。一方で、活動が規定されたものになりすぎることが課題となる場合もあります。全てのクラスが同じタイミングで同じ活動を行い、同じゲストティーチャーを迎えるといった進行によって、子どもたちの興味やタイミングに合わないことが多々起きてしまっていることも事実です。

　個人的には、総合的な学習の時間で最もあってはならないと感じているのは、子どもたちが必要だと感じていないのに、外に活動に出かけたり、外部の講師を呼んで話を聞いたりする活動です。子どもたちが自覚のないまま活動を続けても、正直なところ、資質・能力は育っていきません。

　子どもたちが、主体的に取り組む総合的な学習の時間を実現するためには、学年全体のある程度の共通性と、各クラスの自由度を程よく調整することが求められます。

　例えば、学年テーマは共有しつつ、活動の具体的な内容や進め方については、各クラスで柔軟性をもたせることが重要だと考えています。あるクラスは地域の魅力を伝えるための手法としてPR動画を選び、別のクラスはポスター制作、また別のクラスはパンフレットを作成する、と

いった形で多様な表現方法を認め、取り入れることで、子どもたちの興味を引き出しやすくなります。

また、タイミングの調整も鍵となります。活動の進行状況や子どもたちの興味が高まる時期は、クラスによって異なることがあります。この違いを尊重し、各クラスの状況に応じて活動を進められるよう、学年主任としてスケジュールを柔軟に調整しましょう。

統一を重視するあまり、全クラスが同時に同じ進行を強いられると、教師主導の学びになりがちで、結果として子どもたちの心が活動から離れてしまうことがあります。

総合的な学習の時間は、教科の枠を超えて子どもたちの主体性や協働性を育む貴重な機会です。そのためには、教師自身が「全てを統一しなければならない」という思い込みを手放し、むしろ学年全体のバランスと個々のクラスの独自性をどう活かすかに目を向けることが大切です。

結局のところ、「バランスよく成立させる」とは、子どもたち一人一人の思いや願いを叶えつつ、それぞれのクラスの活動が充実している状態をつくり出すことです。そのためには、全体と個のバランスを意識しながら、柔軟な計画を立て実行していくことが学年主任としての使命となるでしょう。

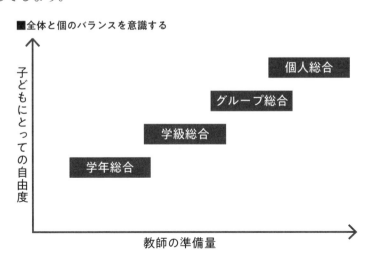

■全体と個のバランスを意識する

総合的な学習の時間をつくる３
～主体的な学びを引き出す学習材との出会い方～

❶ 学年総合において「安定感」と「柔軟性」を両立させる。

❷ 学習材との出会いの工夫が学びを深める。

❸ 子どもたちの主体的な学びを引き出す学習材との出会い方を工夫する。

1 「安定感」と「柔軟性」を両立させる

　ここからお伝えするのは「学年総合」のお話です。多くの学校では、学年単位で総合的な学習の時間を計画し、取り組むことが一般的だと思います。その中で、昨年度と同じテーマや活動を採用することに対して、「何だか罪悪感を覚える」という声をよく耳にします。

　確かに、教師として新しい展開を切り拓きたい気持ちや、子どもたちに「今まで誰もやったことがないような活動」を提供したいという思いはよく分かります。新しいことに挑戦するワクワク感や、オリジナリティのある活動を通じて得られる達成感は、教師自身の大きなモチベーションにもなります。

　しかし、だからと言って昨年度の活動を繰り返すことが悪いわけではありません。それどころか、むしろ多くの利点があります。

　まず、昨年度の活動には安定感があります。例えば、関わる外部講師や訪問先、活動のアウトプットの形式や発表の場などがすでに明確であるため、調整の時間や不確定要素が減ります。これにより、教師がより深く教材研究や子どもたちへの個々の支援に時間を割くことができます。

また、昨年度と同じ学習材を採用しても、活動の展開はその年の子どもたちによって大きく異なります。同じ学習材を選んだとしても、新たな子どもたちの個性や興味・関心によって、新しい発見や異なる方向性が生まれるのです。つまり、「活動の軸は同じでも、通る道のりは毎年新しくなる」ということです。

さらに、これまでの教材研究の積み重ねが大きな強みになります。一度、学校内で行っている活動であれば、子どもたちがつまずきやすいポイントや、教師が事前に用意すべき問いが見えてきます。特に外部との連携を含む活動では、予期せぬトラブルや調整不足によるストレスが軽減され、教師も安心して進行できます。

もちろん、子どもたちが活動の中で主体性をもつことはとても重要です。「自分たちで新しい活動をつくり上げた」「他にはない挑戦を成し遂げた」という達成感は、確かに子どもたちの学びを促進します。しかし、それは必ずしもテーマ自体が新しい必要があるわけではありません。昨年度の活動を基にしたとしても、子どもたちがそれぞれの手で新しい要素を加えたり、表現を工夫したりする余地は十二分にあります。

むしろ、教師がこれまでに学校で積み重ねた経験知を活かし、子どもたちが学びやすい環境を整えることこそ、学年総合の成功につながるのではないでしょうか。昨年度の活動を繰り返すことに罪悪感を感じる必要はありません。それは決して「手抜き」ではなく、「熟練した計画運営」の一環なのです。

昨年度と同じテーマを選ぶことは「安定感」と「柔軟性」を両立させる選択肢となります。過去の経験を活かしつつ、子どもたちの新たな興味や可能性を引き出す方法を考えることで、より充実した総合的な学習の時間を実現できるはずです。

2 出会いの工夫

総合的な学習の時間のテーマ、いわゆる「学習材」が事前に決まって

いることには、まったく問題ありません。むしろ、それを活かして効果的な学びをデザインすることが重要です。

　国語や社会、算数、理科などは、教材が決まっているため、教師が工夫できる余地が少ないと感じることがあります。その中で、学びをどう魅力的に引き出すかが課題です。例えば、国語の授業では、物語文や説明文が教科書によって定められています。その教材と子どもたちがどう魅力的に出会うかは、教師の力の見せ所です。

　先にも述べた通り、総合的な学習の時間は「経験単元」と呼ばれ、取組の道筋を決める自由度が非常に高いと言えます。何を学ぶか、どのように学ぶかを教師と子どもたちでつくり上げることで、学びが豊かになります。この学習においては、例え学習材が事前に決まっていても、その「出会い方」や「課題の設定」によって、子どもたちがどう関わり、どのように活動を展開し、学びを深めるかが大きく変わります。学習材が決まっていることに罪悪感を抱く必要はありません。むしろ、どのように学習材を魅力的に提示するか、その出発点が大切です。

　総合的な学習の時間の学習材は、子どもたちの生活や興味を出発点に設定できます。この「暮らしから出発する」アプローチは、教科書から始まる学習にはない柔軟性をもっています。例えば「地域の特産物」や「環境問題」など、身近な学習材を通じて主体的に学びに関わることができます。これが総合的な学習の時間の大きな強みです。

　だからこそ、学習材との出会いや単元を貫く課題の設定に力を入れることが大切です。課題が子どもたちの関心を捉えれば、彼らは自発的に学びを深めます。学習材を決めることに悩むのではなく、どのように学習材と子どもたちを出会わせるか、その「出会い」に注力するべきなのです。総合的な学習の時間は、自由度が高く、その自由をどう生かすかが鍵です。学習材が事前に決まっていることは、むしろ計画しやすく、子どもたちにも安定感のある学びとなります。その中で自由に問いを立て、探究し、成長する姿を引き出すことが、学年主任としての大きな役割なのです。

3　出会い方の実際

　総合的な学習の時間での学習材との出会いについて、いくつかのアプローチを紹介します。

1　教科から発展するタイプ

　例えば、5年生の社会科でお米について学習すると、日本のお米の消費量が減少していることに気付きます。自分たちが暮らす地域のお米の消費量について調べ、農業の専門家に話を聞くと、地域でも同じ問題が起きていることが分かります。そこから総合的な学習の時間で、「消費量を増やすための活動」に発展していくことも考えられます。

2　問題意識から課題をつくるタイプ

　商店街について踏査調査を行い、住民や店主の話を聞くことで、商店街の現状や課題に気付きます。そして「自分たちに何ができるか」を考え、商店街を活性化させる活動を計画します。自分たちの身近な問題に取り組むことで、主体的な学びが生まれます。

3　課題を提示するタイプ

　行政の方や地域の現状に詳しい方に学校に来てもらい、地域が抱える課題について話をしてもらいます。高齢化や環境保全などの問題について行政の方を交えて議論し、「自分たちが取り組むべき課題」を見つけていきます。専門家の視点を取り入れることで、学びが深まります。

　どのタイプでも大切なのは、活動を「自分たちで納得して決める」ことです。そして「自分たちだからこそやる意味がある」と感じることが重要です。地域の方や専門家から「みんなの力が必要だ」と声を掛けてもらうことも、子どもたちのモチベーションを高め、自己課題として学びに向かう子どもたちの取組を支えることにつながります。

第3章　｜　リーダーシップを発揮する　73

総合的な学習の時間をつくる4
~入口・通過点・出口を揃えた学習の進め方~

❶ 学年単位の総合では、統一感と自由をバランスよく取り入れる。
❷ 学習対象（input）と発信方法（output）を揃えるよさを知る。
❸ 「入口」「通過点」「出口」を揃え、一単位時間は各クラスに委ねる。

1 どこを揃えて、どこを委ねるか

　学年単位で総合的な学習の時間を進める際には、「どこを揃えるか」「どこを委ねるか」を明確にすることが重要です。学年全体で一定程度の統一感を保ちつつ、クラスごとの特徴や子どもたちの思いを活かすためには、このバランスが欠かせません。

　例えば、私が新潟小学校の4年生で行った「地域の魅力をお菓子で表現する」活動では、子どもたちは地域の特徴を調べ、地元のお菓子屋さんと協力して商品開発を進めました。「地域を活性化する」という共通の目的のもと、各クラスが自由に商品開発に取り組みました。

　学年総合では、目的や枠組みを統一しつつ、具体的な取り組み内容やアイデアは各クラスに委ねます。そうすることで、子どもたちの主体性を育むことが期待できます。また、教師間の役割分担を明確にし、学年主任が調整役を担うことで、活動はスムーズに進みます。学年主任が「どこを揃え、どこを任せるか」を意識し、子どもたちの成長と創造性を引き出すことが、総合的な学習の時間を深める鍵となります。

2　学習対象（input）と発信方法（output）を揃える

　総合的な学習の時間を学年全体で行う際には、まず「学習対象（インプット）」と「発信方法（アウトプット）」を揃えることで、次のような利点が得られます。

　学習対象（インプット）とは、この場合、お菓子職人のこだわりや生き方、さらには自分たちが住むまちの特徴を指します。まちの特徴には、歴史、地形、建造物、自然などが含まれます。この学習対象を学年で統一することで、全てのクラスの子どもが同じ基盤の下で学べます。

　発信方法（アウトプット）としては、「お菓子でまちの特徴を表現する」という方法を意味します。これにより、まちへの理解を深めるとともに、子どもたちのクリエイティブな発想を表現できる機会を提供します。また、「まちを活性化する」という共通の目標を設定することで、学年全体が一体感をもちながら学習に取り組むことができます。

学習対象（インプット）

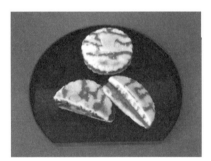

発信方法（アウトプット）

3　「入口」「通過点」「出口」を揃える

　学年全体で総合的な学習の時間を進める際には、各クラスの学びの質を確保しつつ、自由度を確保することが重要です。「入口」「通過点」「出口」の三段階を整えることで、学年全体で統一感を保ちながらも、各クラスの特徴を活かした取組が可能になります。

1 入口：課題に気付く

「入口」とは、子どもたちが興味をもち、学びに主体的に取り組むきっかけをつくる段階です。この段階では、学年全体で同じテーマに基づく導入を行いました。例えば、地域住民や商店街の店主さん、地域づくりの関係者を招き、「人口減少」や「高齢化」などの課題についての話を聞きました。この際、データや実例を活用し、子どもたちが課題の背景にある「なぜ？」を考えるよう促しました。これにより、子どもたちは課題解決に向けた興味を深めることができました。

2 通過点：中間発表

「通過点」とは、学びの進行過程で重要なチェックポイントとなる段階です。この段階では、各クラスの活動内容に自由度をもたせつつも、学年全体で同じプロセスを通過することがポイントです。「お菓子の商品化」をテーマにした活動では、各クラスがアイデアを出し合い、お菓子職人との会議や試作を行うことがそれに当たります。この過程で、子どもたちは職人さんから自分たちのアイデアに対するフィードバックをもらい、試作してもらったお菓子を試食しました。この経験を通して、具体的な成果に向けた改善点を見つけるだけでなく、専門的な技術をもつ方との協働の重要性を実感しました。このような共通の通過点を設定することで、担任同士が進行状況を共有しやすくなり、クラス間での活動の質を担保することができます。

3 出口：成果発表会

「出口」は、学びの成果を発信し、達成感を得る段階です。ここでは、学年全体で統一された発表形式を採用しつつ、クラスごとの個性を反映できる自由度をもたせることが大切です。地域の商店街で「スイーツ発表会」を開催し、子どもたちが商品化したお菓子をステージで紹介しま

した。その後、実際に宣伝活動を行い、購入者にアンケートを依頼し、子どもたちはアンケート結果をもとに振り返りを行いました。これにより、自分たちの活動の意義や改善点を考える機会を得ました。このように、成果を地域に還元することで、子どもたちは学びの手応えを味わい、地域社会とのつながりを実感することができます。

4 学年主任として

「入口」「通過点」「出口」を揃えることで、学年全体の統一感を保ちながら、各クラスの独自性を引き出すことができます。同時に、1時間の授業の具体的な内容は各担任に委ねることで、教師同士が相談しやすい環境をつくることが可能となります。

学年主任として、学年会を活用して定期的な打ち合わせで進行状況を共有し、柔軟に調整を行うことが重要です。これにより、各クラスの活動が効果的に進むようサポートできます。さらに、「入口」「通過点」「出口」を意識した明確な目標設定と柔軟な計画は、子どもたちの成長だけでなく、教師自身のスキルアップにもつながります。

■「入口」「通過点」「出口」を揃える

〈学年で揃える活動〉
入口：課題に気付く（課題の設定）

〈どのクラスも実施するが、方法は任せる〉
通過点：中間発表（チェックポイント）
出口：成果発表会（手応え）

GOAL
単元で育成を目指す資質・能力

出口
成果発表会も、outputの様式に合わせて、各クラス独自

通過点
中間発表は、outputの様式に合わせて、各クラス独自

入口
ここは揃えて、活動は学級で選択する

START
子どもの思いや願い

第3章 ｜ リーダーシップを発揮する 77

総合的な学習の時間をつくる5
～主体性を引き出す学年単位の学びのデザイン～

❶ プロセス、関わる相手、プロダクトを委ねることで、柔軟な展開を保証する。

❷ 「全体の統一感」と「各クラスの自由度」の間のバランスを整える。

1 プロセス、関わる相手、プロダクトは委ねる

　学年全体で取り組む総合的な学習の時間でも、各クラスの特性を生かし、主体的な学びを促すために、次の3つを委ねることが重要です。

■1 プロセスと合意形成の方法

　話し合いや合意形成の方法は、クラスの子どもたちや担任によって得意な流れや方法が異なります。それぞれのクラスには、どのように話し合いを進めるか、意見をまとめるかを自由に決めてもらいます。

　例えば、意見を付箋紙に書いてまとめるクラスもあれば、全員で直接ディスカッションを重ねるクラスもあるでしょう。こうした自由度をもたせることで、子どもたち自身がプロセスを主体的につくり上げる喜びを体験できます。

■2 関わっていただく相手

　1つの店舗や職人さんに複数のクラスが関わると、相手方の負担が大きくなり、個別の対応が難しくなります。そのため、クラスごとに関わる店舗や協力者を分けるようにします。

これにより、職人さんや地域の方々に無理を強いることなく、それぞれのペースで活動を進めることが可能になります。また、担任が相手とそれぞれに連携を図ることで、クラスの特性に応じた柔軟な展開を保証できます。

3 プロダクトの内容

　販売するお菓子の形や味、色などは、各クラスが話し合いを通じて自由に決められるようにします。お菓子の種類を統一する必要はありません。それぞれのクラスが異なるアイデアを反映したプロダクトをつくり上げることで、子どもたちの創造性を引き出します。また、宣伝方法や媒体の選定についても、各クラスに任せることで、多様な工夫が生まれる機会を提供します。

　このように委ねる部分を明確にすることで、学年全体の活動をスムーズに進めながらも、各クラスの独自性を最大限に引き出すことができます。学年主任は、全体のバランスを保ちながら必要に応じて調整を行い、活動の成功を後押しする役割を担います。

第3章　リーダーシップを発揮する

2 バランスを整える

　学年全体で統一したテーマに取り組む際に、各クラスの裁量を重視する方法について説明してきました。しかし、何事も「バランス」が大切です。

　このバランスを保つためには、次の３つの視点を念頭に置くことが重要です。

---

①子どもが十分に学び、資質・能力を育むこと。
②各クラスに適度な自由があること。
③先生方の負担を軽減すること。

　例えば、「地域の公園の魅力を伝える」という学習課題を設定したとします。ここで、各クラスがそれぞれ違ったアプローチを選ぶのもよい例です。あるクラスは公園でイベントを企画し、別のクラスはPR動画を制作し、また他のクラスはすごろくを作成する。それぞれの活動は異なるものの、全体としては同じ目標に向かって進んでいます。このような取組は、子どもたちが主体的に考え、それぞれの力を発揮できる場を提供すると同時に、学年全体の目標を見失わない形になっています。

　こうした活動の調整をする際、学年主任が心がけたいのは「柔軟な対応」です。学年の先生方も子どもも年ごとに変わります。学年を構成する先生方の経験値や考え方、さらに子どもたちの特性をよく観察しながら、その年の「最適な形」を目指していく姿勢が求められます。

　もう１つ大事なのは、学年主任自身が孤立しないことです。バランスを取る作業は、学年主任一人で抱え込むと大きな負担になります。担任の先生方と定期的に情報を共有し、「今の進め方で問題ないか」「調整が必要な部分はないか」を一緒に考える機会を設けることが重要です。これにより、先生方も「自分たちでつくり上げている」という感覚をもてますし、学年全体が一体感をもって取り組めるようになります。

最後に、学年主任の調整力が試されるのは「全体の統一感」と「各クラスの自由度」のバランスをいかに保つかです。そのためには、明確な目標と柔軟性を両立させる姿勢を忘れないようにしましょう。このバランスを意識することで、子どもたちの学びも、先生方の負担減も、どちらも実現できる活動をつくり上げられるはずです。

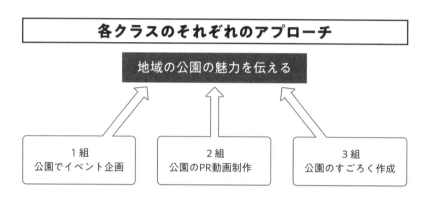

！ あえて、各クラスでプロセスを統一しないことで、相談する必然性が生まれる。

Point 大切なことは、学年主任と先生方が総合的な学習の時間について気軽に話せる関係性や時間をもつこと。また、学年の構成メンバーを踏まえて、揃える部分とお任せする部分を流動的に決めていくこと。

教材選定で価値観を共有する

① 教材選定を通じて学年の方向性を共有し、子どもたちの主体的な学びの環境を整える。

② 学年に合った教材選定の重要な３つの基準を知る。

③ 教材選定を通じて目指す学びの方向性を明確にする。

1 教材選定の意味

教材選びの取りまとめは、学年主任としての重要な役割の１つです。学年主任がリーダーとなり、学年全体で使用する教材を選定する際には、その選択が子どもたちの日々の学びに大きな影響を与えることを意識しなければなりません。漢字ドリルや計算ドリル、テスト、ノート、図工の材料セット、理科の実験に関わるセットなど、教材の種類は多岐にわたります。その中から、どの教材が子どもたちの成長につながっていくのか、学年の先生方と意見を交わしながら、慎重に選んでいくことが大切です。

ここでは、教材を選ぶ際の基準や注意点を具体的に考えていきましょう。ポイントは、「学年の学びの方向性を共有し、子どもたちが主体的に学べる環境を整える」ことです。そのためには、教材選びを単なる事務作業にせず、学年の先生方との価値観の共有の場として活用することが重要です。

2 教材選びの基準

　教材選びの際には、次のような基準を意識するとよいでしょう。特に、①学年の学習内容に適していることを最優先に考えた上で、②自律的に学べる工夫があること、③昨年度の購入実績と予算を考慮することが重要です。

1 学年の学習内容に適していること

　まず第一に、教材が学年の学習内容に合致しているかを確認しましょう。例えば、算数ドリルであれば、子どもたちが無理なく学習内容を習得できる教材であることが重要です。難しすぎると意欲を失い、簡単すぎると学びの深まりが期待できません。現在は、AIドリル等の選択肢もあるため、幅広い選択肢から、教材が子どもたちの実態に合っているか、学習内容を選択することができるかをしっかり見極めることが必要です。

2 自律的に学べる工夫があること

　次に、自律的に学べる工夫が施されているかを確認しましょう。子どもたちが自分の力で進められる教材であることが理想的です。例えば、漢字ドリルであれば、子どもたちが理解の状況に合わせて習得できる形式であることが重要です。書き込みを行う回数が一律に多く設定されているものよりも、一人一人の習得の状況に合わせて書き込みをする回数を選択できるものがよいでしょう。算数ドリルであれば、考えるための手がかりや解説が適切に配置されていて、誤りを解き直すことができるものが望ましいでしょう。

3 昨年度の購入実績と保護者負担を考慮すること

　教材選びでは、現実的な要素も無視できません。例えば、昨年度の購入実績を参考にすることや、予算内で選定することが挙げられます。教

第3章 　リーダーシップを発揮する　83

材の価格が高すぎると、保護者の経済的な負担が増えます。実際に、保護者の負担を減らすために、安価でも効果的な教材をリストアップして比較するなどの工夫が必要です。また、同じ教材を毎年使用している場合、その効果を改めて評価し、必要に応じて見直しを検討します。限られた予算の中で、どのようにして最も効果的な教材を選ぶかがポイントとなります。

3 議論を通じた価値観の共有

教材選びは、学年の先生方が「議論を交わす場」としても活用できます。教材について「あーでもない、こーでもない」と意見を出し合う中で、チームとしての価値観や目指す教育方針が見えてきます。

例えば、「この理科の実験セットは準備が簡単で、全員がスムーズに実験を行えるが、子どもたちが自分で仮説を立て、道具を準備する経験が得られない」というような議論が重要です。こうした意見交換を通じて、子どもたちにとって最適な教材が見えてくるだけでなく、先生方が目指す学びの方向性も明確になります。

1 検討の進め方

教材選びの場では、単にカタログや実物を見て決めるのではなく、教材の目的や使い方について具体的に意見を交わすことが大切です。「この教材はどのような場面で効果的か」「どのように活用すれば子どもたちの学びが深まるか」といった視点で話し合いを進めましょう。

2 意見の多様性を尊重する

議論を進める中で、意見の多様性を尊重することも重要です。各自の視点をしっかりと出し合い、意見の背景を理解することで、より多角的な検討が可能になります。「このノートでは書きやすさを重視したい」「保護者負担を考えると少しコストが高いかも」など、互いの視点を尊

重しながら、チーム全体でベストな選択を目指します。

3 結果として見える価値観

議論の中で、「学年として大切にする学びの在り方」や「育成を目指す子どもの姿」が徐々に明確になります。

例えば、「子どもが主体的に取り組める教材を優先する」「シンプルさよりも学びの自律性を追求する」など、教材選びの過程そのものがチームの価値観の共有につながります。

最終的に、教材選びは単なる「選択」ではなく、チームの教育方針や価値観を確認する貴重な場になります。こうした意識をもつことで、学年の一体感が生まれ、子どもたちにとってもよりよい学びの環境が整うのです。

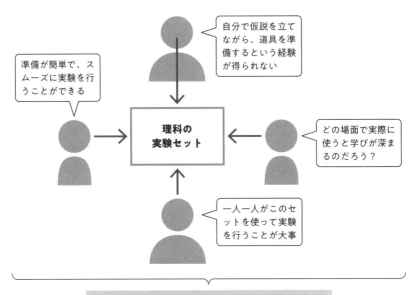

家庭学習と自己調整

❶ 家庭学習の個別性を尊重し、学びを主体的にする方法。
❷ 主体的な学びを支える２つの家庭学習の柱を捉える。
❸ 学びの進捗を可視化し、自己調整を促進する。
❹ 自己調整型学習の浸透と成果共有で学年を支える。

1 家庭学習と「自己調整」の視点

　家庭学習を効果的に進めるためには、子ども一人一人の特性や進度に合わせた柔軟な取組が求められます。一律の宿題は、ある子どもには適切であっても、他の子どもにとっては負担や物足りなさにつながる可能性があります。その解決策として注目されるのが「自己調整」です。

　この自己調整を支える家庭学習の柱として、「基礎・基本の定着」と「探究的な学び」があります。自己調整とは、子ども自身が目標を設定し、自分のペースや学び方を調整する力を育むアプローチです。これにより、子どもの主体的な学びが促進されます。自己調整型の家庭学習は、以下の３つの理由で子どもの多様な学びのニーズに対応し、学びへの意欲や自律性を高める効果的な方法となります。

1 個別性を尊重

　学力や家庭環境、興味・関心が多様な子どもに対しては、一律の宿題では対応することができません。自己調整型の家庭学習は、子ども一人一人の特性に対応する柔軟性をもっています。

2 自律的な学びの習慣形成

　自己調整を促す家庭学習は、子どもが自分で学びを計画・実行・評価する力を養います。この力は、中学校以降の学びにも役立ちます。

3 主体性の向上

　宿題が「やらされるもの」ではなく、「自分で選び、取り組むもの」になることで、学びへの意欲が向上します。

2 「基礎・基本の定着」と「探究的な学び」

　自己調整型の家庭学習を進めるためには、子どもが主体的に学びに向かえる環境を整えることが重要です。その際、目的に応じて「基礎・基本の定着」と「探究的な学び」という２つの柱を設けることで、自己調整の実践が効果的に進められます。これにより、子どもは必要な知識を確実に身に付けながら、自分の興味・関心に基づく深い学びにも挑戦できるようになります。

1 基礎・基本の定着を目指す家庭学習

- ・**目的**：基礎学力の確実な定着を図り、学習の土台を築く。
- ・**具体例**：計算練習、漢字練習、音読、英単語の練習など、反復による記憶や技能の定着を目的とした課題。
- ・**特徴**：明確な目標が設定され、達成感を得やすい。
- ・**注意点**：一人一人に適した時間や量となるように配慮し、短時間で効果的に取り組める内容にする。

2 興味・関心に基づいた探究的な学び

- ・**目的**：子どもの自主性や問題解決する力を育み、深い学びを促す。
- ・**具体例**：身の回りのテーマについて調査や実験を行う、好きな本や歴

第3章　リーダーシップを発揮する

史上の人物についてのレポート作成、地域の特徴的な地形や建物について調べる。

・**特徴**：子どもが自分の興味に基づいて学びを進めるため、楽しみながら取り組むことができる。

・**注意点**：方向性が定まらず途中で諦めることがないよう、適切なガイドを用意する。

3 自己調整を活用した家庭学習を導入するに当たって

1 基礎・基本型と探究型の２つの提案

・基礎・基本の課題として、学年ごとの到達目標に応じたドリル等は全員に提示。量は子どもの進度に応じて調整可能にする。

・探究的な課題として、複数のテーマから自由に参照できる「探究リスト」を用意し、子どもが自分の興味に基づいて取り組む課題を選択したりつくり出したりできるようにする。

・子どもは自分に合った課題を選んだり組み合わせたりして、「今週は基礎・基本からは２つ、探究はできれば行う」など、簡単な目標を設定する。

2 家庭学習計画シートの活用

・計画シートを配布し、「基礎・基本」と「探究」のバランスを考えながら１週間の学習計画を立てる。

・子ども自身が「振り返り」を記録する簡単なシートを用意する。できればデジタルで共有し、保護者にも見てもらえるようにする。

3 進捗に応じた個別フォロー

・子どもが選択した課題に困難を感じた場合、教師や保護者が適切にサポートできるよう、学年主任が全体の仕組みを調整する。

4 学びの可視化

・子どもが家庭学習で取り組んだ成果物をファイル（できればデジタル）にまとめることで、学びを振り返りやすくし、達成感を得られる仕組みを提供する。

4 学年主任としての役割

　学年主任は、自己調整型家庭学習の2つの柱である「基礎・基本の定着」と「探究的な学び」を効果的に支援し、子どもたちが主体的に学びに取り組める環境を整える重要な役割を担います。その結果、子どもが自分の学習状況を把握し、目標に向かって成長できるようになります。

　また、これらの柱が学年全体に浸透し、持続的に運用されるようリーダーシップを発揮する必要があります。

1 学年全体での方針統一

・家庭学習の方針を学年全体で話し合い、クラス間のばらつきを減らす。
・宿題の選択肢や進捗確認の方法を統一することで、どのクラスに所属していても、同じような家庭学習の取組ができるようにする。

2 保護者への情報提供

・自己調整型家庭学習の意義を保護者に伝え、家庭での協力を得るための説明を行ったり、学級通信等で子どもたちの取組を随時伝える。

3 成果の共有と改善／バランスを保つための工夫

・定期的に先生や保護者からのフィードバックを集め、家庭学習の内容を改善していく。
・自分で課題を決めることが難しい子どもやどちらかの学習に偏りが見られる場合には、個別に取り組むべき課題のアドバイスを行う。

第3章 ｜ リーダーシップを発揮する

学年で共通した
児童指導を行うために

① 教師として示すべき基本的な児童指導の内容がある。

② 学年で共通した指導を行うために、教師間で話し合って納得する。

③ 5つの具体的な指導の内容を伝える。

④ 子どもたちに伝える際には、分かりやすくポジティブに。

⑤ クラスのきまりは徹底して子どもたちとつくる。

1 教師として示すべきこと

　本来、子どもたちの学校生活におけるルールやきまりは、子どもたちと話し合い、一から共につくり上げるべきものです。子どもの意見を尊重し、主体的にルールを考えることで、子どもたちは自らの行動に責任をもち、守る意識も高まります。しかし、現実的には時間に限りがあり、全てを一から話し合うのは難しい場面もあります。また、学校生活の安全と安心を守るためには、教師が一定のルールを提示し、必ず守らなければならない事項を明確にする必要があります。

　ここでは、学年主任として学年の先生方と共通の理解を深め、児童指導においてブレのない対応をするために、教師から子どもへ伝えるべき基本的な指導内容について考えていきたいと思います。

2 学年で共通した指導を行うために

　学年主任として、学年の先生方と共通の指導方針をもつことは非常に

重要です。特に、小学校では子どもが安全で安心した学校生活を送れるよう、学年で統一したルールを設定する必要があります。これは、教師間での指導の一貫性を保ち、子どもに安心感を与えます。

　まず、学年での共通指導方針を明確にするために、学年会で話し合いを行いましょう。例えば、子どもたちが教室や廊下で守るべきマナーや、遊具の使い方、休み時間の過ごし方など、学校生活の様々な場面でのルールを確認します。この際、ただ話し合うだけではなく、具体的な場面を想定しながらルールを明文化し、全教師が納得した上で運用することが重要です。さらに、学年集会などで子どもにしっかりとルールを伝える機会を設けることで、ルールの周知徹底を図ります。学年主任は、その進行役としての責任をもち、教師と子どもの間に共通認識を築く役割を担いましょう。

3 具体的な指導の内容

1 基本的な生活習慣に関するルール

　子どもが安心して学校生活を送るために必要な、基本的な生活習慣の指導ポイントを確認しましょう。これらは、学校生活の基盤となります。

・服装や持ち物：体育着や上履きなど、日常的な持ち物の整理整頓を大切にします。
・あいさつ：教室や廊下でのあいさつを習慣化することで、明るい学年の雰囲気をつくります。
・時間を守る：授業や給食の時間をスムーズに進めるために、時間を意識すること指導します。

2 安全に関わること

　安全確保は、学校生活で最も優先されるべき事項です。

・廊下や階段では走らない：事故防止のため、基本的なマナーとして徹

底します。

- 登下校のマナー：交通ルールを守ることや、通学路での危険行為をしないよう指導します。
- 事故やトラブルの報告：子どもが何かトラブルに遭遇した際、すぐに先生や保健室に報告する体制を整えます。

3 人権・いじめに関わること

人権を尊重し、いじめのない学年を目指すことも重要な内容です。

- いじめ・暴力は絶対に許されない：いじめや身体的な暴力を徹底して禁止します。
- 相手を傷つける言動をしない：どんな理由があっても、他者を傷つける行為は許されません。
- 自分も相手も大切にする：お互いの違いを認め合い、尊重する姿勢を育てます。

4 休み時間や遊びに関するルール

- 遊びの範囲：校庭や体育館、教室内での使用エリアを明確にし、子どもが安全に遊べる環境を整えます。
- 遊具の使い方：遊具を譲り合い、使い終わったら片付けることを習慣づけます。

5 ICTやデジタル機器の使用ルール

- タブレットの使い方：使用目的や時間を守ることを指導します。
- インターネットの利用：安全な利用を心がけ、アクセス禁止サイトの具体例を挙げることで危険を回避します。
- 個人情報保護：個人情報を取り扱う際の注意点を説明し、子どもたちの情報が流出しないよう指導します。

4 子どもたちに伝える際に大切にすること

◤1◢ 簡潔で分かりやすい言葉を使う

　子どもにルールを伝える際は、難しい言葉を避け、簡潔で具体的な表現を心がけます。学年集会での説明も、長くならないよう要点を絞り、限定的に伝えましょう。また、「これはみんなの安全や安心を守るためだよ」といった理由付けをすることで、子どもの理解を深めます。

◤2◢ ポジティブな表現を心がける

　禁止事項を伝える際は、否定的な表現を避け、前向きな言葉を選びます。ポジティブな表現は、子どもがルールをより積極的に受け入れ、日常生活に取り入れやすくする効果があります。

5 クラスのきまりについて

　学年全体の共通ルールを確認した上で、クラスのきまりを子どもと一緒に考える時間を設けましょう。子どもたち自身が話し合いに参加し、自分たちの意見を反映したきまりをつくることで、主体性が育ちます。クラスできまりを決める際のポイントは、次の2つです。

①**子どもの意見を尊重する**：教師が一方的に決めるのではなく、子どもたちの声をしっかり聞きましょう。

②**適切なバランスを保つ**：全員が納得する内容を目指しつつ、教師がクラス全体の状況を見て調整します。

　例えば、「休み時間の遊び方」「教室内での過ごし方」「給食のルール」など、子どもにとって身近なテーマを取り上げると話し合いが活発になります。

学年集会を開く

① 学年集会の情報伝達以外の３つの機能を知る。

② 学年集会の３つのタイミングと効果的な進め方を知る。

③ 学年集会を成功に導く４つのポイントを実践する。

1 学年集会の４つの機能とは

　学年集会と言うと、広い場所に学年全体の子どもたちと学年を受けも
つ先生方が集まり、先生から重要な情報が伝えられている状況を想像す
る方が多いと思います。もちろん学年集会には、「学年の子どもたち全
体に等しく、正しい情報を伝える」という機能があります。

　一方、学年集会には、学年全体が共通の認識をもち、よりよい学校生
活を送るための重要な機能をもっていると言うこともできます。情報伝
達以外の主な機能を分類すると、以下の３つにまとめることができます。

■ 学年の子どもたちの交流の機会、共に高め合う雰囲気の醸成

　学年集会で、あるテーマについて話し合ったり、一緒にゲーム等の活
動を行ったりすることによって、異なる学級の子ども同士が交流し、互
いのことを知り合う機会となります。

　また、体験学習の準備や音楽会の練習等を学年集会で行うことによっ
て、共に高め合う雰囲気の中で、達成感や連帯感を共有することができ
ます。

2 規範意識を高める

　学年集会で、学校生活で守るべきルールやマナーについて子どもたちと確認する場面も少なくないと思います。これらを学年全体で確認することで、学級や教師によってブレることのない軸を子どもたちは理解し、規範意識を高めることができます。

　また、成熟してきた学年集団においては、子どもたちと教師とで話し合い、よりよいルールを自分たちの手でつくっていくことも期待できるでしょう。

3 目標の共有

　体験学習や運動会、６年生ありがとう集会などを学年で進める際に、学年集会を開くことが多いのではないでしょうか。その際に先生が、これからやることや子どもたちに期待していることを伝えて終わる時間にしてしまっては、もったいないと思いませんか。

　こうした機会を学年全体で目標に向かって取り組むチャンスと捉え、子どもたちと共に共通の目標を言語化し、共有した上で活動に取り組むことが重要です。こうした取組によって一体感が育まれ、そのプロセスを振り返ることによって、自分たちが身に付けた力を自覚することにつながります。

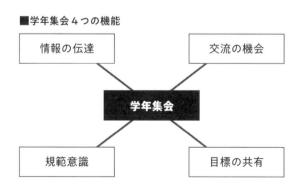

■学年集会４つの機能

2 学年集会を開くタイミング

　次に、学年集会を開くタイミングについて考えてみましょう。学年集会が実際にどんなタイミングで開かれているかと言うと、次の３つに分類できると思います。

■1 学期の区切り（４月、８月、１月、３月）

　最もオーソドックスな学年集会が、この学期の区切りに行われるものです。新年度が始まった直後に新しい担任の先生と顔合わせをしたり、長期休業の前に休みの学習や生活の仕方について話し合ったりする機会として学年集会が行われていると思います。

　また、長期休業後に改めて目標を確認したり、予定されている行事を含めたスケジュールを確認したりすることも、子どもたちが学校生活に戻っていくためにとても有効な内容として挙げることができるでしょう。

■2 行事に向けた取組の始まりと終わり

　運動会や文化祭、児童会祭りなど、大きな行事の前に、準備や役割分担について話し合ったり、事後には振り返りを行ったりする機会として学年集会が役に立ちます。

　ここでも大切にしたいのは、情報伝達のみの集会にするのではなく、子どもたちが願う、行事における自分たちの目指す姿について話し合ったり、事後に自分たちが立てた目標にどれほど近付くことができたのかを話し合ったりすることで、「この学年をよりよくするために自分たちが参画している」という感覚を確かにもてるようにすることです。

■3 トラブルがあったとき

　これはできるだけ少なくあってほしいと願ってしまうものですが、学年全体に関わるようなトラブルがあった際に、その概要の説明やこれからの生活におけるルールやマナーを説明する機会として、学年集会を開

くときがあります。

　こうした学年集会で気を付けることは2つです。1つ目は、もしもトラブルに関わる子どもがいた際に、直接的にその子を指導するような場として使わないことです。もう1つは、緊張感のある話し合いの中で、子どもたちが自分たちでルールやマナー、思いやりについて考える時間をとることです。

3　学年集会を力強いものにするために

　これまで機能やタイミングについて検討をしてきましたが、本当に学年集会によって子どもたちが「よし、頑張ろう」と思えるようにするために、気を付けるべきことは、以下の4つのポイントです。

①何を目的に集会を行うのか、子どもたちと教師が具体的な目標を
　自覚する。
②子どもたちが主体的に参加することができるように、子どもたち
　の考えを取り入れ、アイデアを出し合ったり、感想を伝え合った
　りする活動を取り入れる。
③ゲームや発表、話し合いなど、多様な活動を取り入れ、子どもた
　ちが飽きずに参加できる内容にする。
④振り返りの時間を設け、行事等で学んだことや感じたことを共有し、
　今後の生活に活かせるようにする。

　学年集会は、子どもたちが自分たちの学年をよりよくするために主体的に参画するチャンスであり、前向きな成長を促す上で非常に重要な場となります。

　子どもたちが主体的で協働的に参加できる学年集会を実現することによって、自分たちで自分たちの生活をよりよく変えていこうという責任感や仲間と協働的に活動に取り組むことの大切さを学びます。

授業について相談し合う

① 教師同士の対話によって、学年全体の授業力を高める。

② 気軽な「相談タイム」で、授業力と学年の連携を強化する。

③ 自然な対話と相談を促し、授業の質を高める。

1 授業について相談し合う意味

「教師は授業で勝負」

「子どもたちの学校で過ごす時間の大半は授業の時間」

　このような言葉を、どこかで耳にしたことがあるかもしれません。私たちの仕事の一丁目一番地は、何か。それは授業です。授業こそが、子どもたちの学びを支え、成長を促す場です。だからこそ、私たちはその力を日々磨き、高めていきたいと願います。もちろん、本を読んだり、優れた実践を見たりして、自分自身で授業力を高めることもできます。しかし、せっかく同じ学年の仲間がいるのですから、その仲間たちと一緒に力を高め合い、共に成長していける場をつくることは、学年主任として大切な役割です。

　授業について語り合うことで、教師一人一人の授業技術が共有され、子どもたちの学びがより豊かになることが期待できます。例えば、学習者主体の授業づくりを学び合ったり、ICTの活用方法を共有したり、教科教育の本質を語り合ったりすることで、学年全体が前向きに成長していくのです。

さらに、授業について語り合うことは、子どもたちにどんな力を育成したいのか、つまり「育成を目指す子ども像」を共有することにもつながります。

2　相談タイムの取り方

　とはいえ、あまり肩肘を張りすぎると、相談すること自体が負担になり、続かなくなります。だからこそ、気軽に授業を相談できる時間を学年会やその他の時間に設けるなど、無理なく続けられる工夫が必要になります。

　例えば、週に1回、20分程度の「授業相談タイム」を設けてみましょう。その際、次のような自由で話しやすい雰囲気をつくることがポイントです。

【授業相談タイムの基本の流れ】

■ オープニング（1～2分）

・学年主任が一言、気軽に話を始める雰囲気をつくります。
例：「最近の授業で面白いことありました？」「総合、最近どうですか？」
　　形式ばらず、雑談の延長で始めるのがポイントです。

② 自由トークタイム（15分）

・各担任が順番ではなく、自由に話せる時間を設定します。
・話すテーマは特に決めず、次のような切り口で話を促しましょう。
例：「今困っていること」「子どもたちが意外な反応を見せた授業のエピソード」
・学年主任はリード役として、話が途切れないように問いかけを工夫します。「みんな、どうしてる？」「こういうとき、他のクラスはどう進めてる？」など。

第3章　│　リーダーシップを発揮する　　99

・必要に応じて、以下のツールを活用します。

①「板書例」や「学習カード」をその場で見せる。

②「ホワイトボード」やICTを活用して、話し合いを可視化する。

3 プチまとめ（3分）

・学年主任が全体をざっくりまとめます。

・次回のテーマが決まっていれば、自然な流れで確認します。

　このような相談タイムが定期的に続けば、学年内の授業技術が着実に向上し、自然と学年チームの連携も深まります。

3　自由な雰囲気をつくる工夫

　授業相談が活発になるためには、自由な雰囲気をつくることが大切です。そのための具体的な工夫をいくつか紹介します。

1 ルールは緩やかに

　順番に発言するのではなく、話したいときに話すスタイルを推奨しましょう。「聞いてるだけでもOK」「ちょっとした感想だけでも大歓迎」といった声掛けをして、話しやすい雰囲気をつくります。

2 失敗談も歓迎

　学年主任が自ら「うまくいかなかった話」を率先してシェアすることで、相談する内容のハードルが下がります。

3 困っていることについてアイデアをもらう

　学級担任をしていると、たくさんの困った場面や迷う場面が訪れます。例えば、総合的な学習の時間や学級会において、子どもたちの話し合いが拡散してしまい収束が難しくなってしまう場合や、子どもたちの解決

困難な人間関係に関する問題が起こります。その際に気兼ねなく相談して、互いの知見を共有することで、より具体的なアイデアを得たり、困りや迷いを解消したりすることができます。

4 ポジティブな締め

最後に「今日も役に立つ話が多かった！　ありがとう！」と感謝を伝えることを忘れずに。

こうした声掛けを積み重ねることで、自由な雰囲気が続いていきます。このようなフリースタイルの授業相談なら、メンバー同士の距離が縮まり、ざっくばらんな相談が自然に行えるようになります。また、定期的な相談だけでなく、自然発生的な相談もとても素晴らしい機会となります。その際も、子どもの今の状況、先生の思い、これからの展望や現在の困りを丁寧に聞き、互いに「自分ならこうする」という考えを伝え合えると、より実りある時間になります。

学年主任としてのあなたの役割は、相談しやすい場をつくること。その場を通じて、学年チーム全体が成長し、子どもたちにとってよりよい授業を提供できる学年づくりを目指しましょう。

～授業相談のトピック～
・単元の導入方法や単元の進め方
・学習に苦手意識をもつ子ども、発展的な学習が必要な子どもへの対応
・学習意欲を高める工夫（グループ学習・ICT活用など）
・総合的な学習の時間における拡散した意見の収束の仕方
・効果的な板書の共有
・話し合い活動の工夫
・成績のつけ方や評価基準の統一
・子ども同士の学び合いを促す仕組み　など

第3章　リーダーシップを発揮する　101

学年会を充実させる

❶ 学年会の目的は、「情報共有と意思決定」と「計画と振り返り」の2つ。
❷ 学年会充実のカギは、事前準備・時間管理・記録の3つ。
❸ 肯定的な聞き方とデジタルツールの活用で学年会を効率化する。

1 学年会とは

　皆さんが日々取り組んでいる学年会ですが、これは学年の子どもたちをチームで育てるための大切な場です。学年主任が中心となり、学年の先生方が連携して指導・支援の体制を築くことで、個々の教師の負担軽減と学年の一体感を高めることを目指します。
　学年会の主な目的は、以下の2つです。

■ 情報共有と意思決定

　子どもたちの学習状況や生活面での課題、保護者対応、校内の行事日程などの情報を共有し、学年全体で意思決定を行います。これにより、学年としての統一した対応が取れるようになります。

■ 計画と振り返り

　運動会や遠足、学習発表会などの行事の計画・準備・役割分担を行い、行事後には振り返りを実施します。この振り返りを通じて、次回の行事に向けた改善点を探り、よりよい行事運営につなげます。

これらを意識しながら、学年主任としてどのように学年会を進めていくかが重要なポイントになります。

2　学年会を成功させるポイント

学年会を効果的に行うためには、いくつかのポイントがあります。ここでは、その中でも特に重要な3つのポイントを紹介します。

■1 事前に話題を決めて、見られるようにする

学年会の効率を上げるためには、事前準備が欠かせません。学年主任が話題を事前に決めて、それを先生方に共有することがポイントです。例えば、会議の目的を「情報共有」と「意思決定」に分け、話題の種類によってアプローチを変えると効果的です。また、議題を事前にGoogleフォームなどを活用して共有することで、先生方の意見や疑問を事前に集め、当日の議論をスムーズに進めることができます。

さらに、数日前に「今週の学年会のテーマは〇〇です」と簡単に予告することで、先生方も心構えをもって参加できます。

■2 一定の決めた時間・曜日で行う

学年会は、リズムをつくることが大切です。毎週の決まった時間に開催することで、メンバーのスケジュールが安定し、準備の時間を効率的に確保できます。また、学年会の時間はできるだけ30分以内を目指しましょう。それ以上になる場合は、別途「長時間議論が必要な回」としてスケジュールを組むとよいでしょう。短く集中して行うことで、先生方の負担も軽減されます。

■3 記録を残す

学年会で話し合うこと、決まったことをデジタルで記録することも大事です。「学年会メモ」をデジタル化し、GoogleドキュメントやSlack

などのオンラインツールで共有することで、どこでも閲覧可能になります。会議の冒頭で「前回の決定事項」を簡単に振り返る時間を設けると、情報共有がスムーズになります。

　例えば、次のようなフォーマットを使用するとよいでしょう。

〈A情報共有〉

日付	議題	具体的な内容	○決定 ▲未決定	担当
○月○日	○○集会	時間、必要な物の確認 https://drive.～～	○全てOK	○○先生

〈B意思決定〉

日付	議題	具体的な内容	○決定 ▲未決定	担当
○月○日	運動会係分担	学年内の分担 https://drive.～～	○係分担は決定	○○先生
○月○日	団体競技	ルール、使う道具、チーム分け https://drive.～～	○ルール、使う道具 ▲チーム分け	○○先生
○月○日	徒競争	コース、必要物品 https://drive.～～	○全てOK	○○先生

＊必要な詳細な資料はリンクを貼って添付しておくことで、すぐに参照することができるようになります。

3　学年主任としてリーダーシップを発揮するポイント

　学年会を実りあるものにするためには、学年主任としてのリーダーシップも重要です。ここでは、リーダーシップを発揮するための2つのポイントを紹介します。

1 話の聞き方を工夫する

　学年主任は、先生方の意見をしっかりと聞く姿勢を示すことが大切です。例えば、発言しやすいように、「それはよい視点ですね」と肯定的に受け止める言葉を掛けると、先生方も積極的に意見を出しやすくなります。また、参加しているメンバーに満遍なく「それについてはどう思

いますか？」と問いかけることで、なるべく多くの先生方に参加してもらい、意見を引き出す工夫も有効です。

2 デジタルツールの活用

　学年主任として、デジタルツールを活用することで、学年会の効率化を図ることができます。例えば、Google Driveに「学年資料フォルダ」を作成し、必要な資料をいつでも参照できるようにしておくと便利です。DropboxやOneDriveといった他のクラウドサービスも活用できますので、状況に合ったものを選びましょう。

　また、会議の議題を事前にGoogleフォームで収集したり、資料を事前にオンライン上で共有し、各自がコメントを入力したりしておくことで、先生方が事前に意見を述べることができます。

　以上のポイントを意識して、学年主任としての学年会運営を円滑に進めていきましょう。

■5年生「委員会の準備の決め方」についてのコメント（例）

①現行の委員会の決め方について
　感じていることは？
・○○○○○○○○○○（A先生）
・○○○○○○○○○○（B先生）
・○○○○○○○○○○（C先生）

②改善できるとしたら何ができるか
・○○○○○○○（A先生）
・○○○○○○○（B先生）
・○○○○○○○（C先生）

③委員会の紹介の仕方について
・○○○○○○○○○○（A先生）
・○○○○○○○○○○（B先生）
・○○○○○○○○○○（C先生）

※Googleフォーム等で議題にする考えを事前に入力しておくことで、議論をスムーズに進めることができる。

授業を交換する

❶ お互いの専門性を共有し、子どもたちの豊かな学びを実現する。

❷ 交換授業で、子どもたちの多角的な学びと成長の機会を保障する。

❸ 交換授業が先生同士の気付きと学びの質を向上させる。

❹ 交換授業で、子どもたちが担任以外の先生とつながる。

❺ 授業を分担することで負担を軽減し、質の高い授業と効率化を実現する。

❻ 交換授業を行う際のポイントは、時間割の調整である。

1 専門性の活用と共有

　皆さんの学校では、授業を交換して行っているでしょうか。近年、小学校においても教科担任制の必要性が訴えられています。しかしながら、「調整が大変だから」とか、「自分のクラスの子どもは自分で全て支えたい」という思いから、授業を交換することに対して後ろ向きになってしまう場合も少なくないと思います。

　それぞれの先生には、専門とする教科や分野があると思います。例えば、音楽を専門とする先生が全クラスで音楽を教えた結果、子どもたちの歌唱力や楽器演奏のスキルが飛躍的に向上した事例があります。また、理科を専門とする先生が全クラスで授業を行った際には、子どもたちの理科に対する興味が広がり、子どもへの質問紙調査で「理科の授業が好き」と答える割合が向上したという例もあります。授業交換をすることで、その専門性を他のクラスにも提供することができ、子どもたちの学

びの幅を広げることが可能です。このように、専門性を活かして授業を行うことは、子どもたちにとっても先生にとっても大きなメリットがあります。

2 子どもたちの多様な学びの機会の保証

　小学校の学級担任制においては、基本的に自分のクラスの授業を自分で行うことが多いでしょう。もちろん、その利点はたくさんあります。しかし、交換授業で異なる先生の授業スタイルや考え方に触れることで、子どもは多様な学び方を身に付けることができます。これにより、子どもたちの柔軟な思考力や人間関係の適応力が育まれます。

　例えば、体育の授業でA先生が技能向上のための実践的なトレーニングを通じて、正しいフォームや効果的な動きについて具体的に指導する一方で、B先生が国語の授業で物語文を題材に、登場人物の心情を想像して互いの意見を伝え合う活動を行うことで、子どもたちは教科ごとに異なる学びの方法を体験できます。A先生は事実やルールに基づいた論理的な思考を重視し、子どもたちに問題解決の手順を丁寧に教えます。一方、B先生は対話を通じて感情や価値観を深掘りし、子どもたちの想像力や自己表現を引き出すことを大切にしています。このように、指導方法の違いを体験することで、子どもたちは知識や技能とともに、問題を多角的に捉える力や他者との協調性を育むことができます。交換授業によって多様なアプローチを取り入れることで、子どもたちの成長を多角的に支えることができます。

3 先生同士の学び合い

　先生同士の交流や学び合いの場としても、交換授業は大変有効です。例えば、ある先生が授業後に「このクラスでは子どもたちが主体的に質問をしてくるのが印象的だった」と気付いたり、別の先生が「このクラ

第3章　リーダーシップを発揮する　　107

スはグループワークの進め方に工夫を凝らしている」と学んだりすることで、お互いの指導法のよい点を吸収できます。また、教科を交換することで、他の先生の教材の工夫や板書の構成なども参考にでき、指導力向上につながります。こうした交流を通じて、学年全体での指導の質を高めることが期待できます。

あるクラスではディスカッションが活発に行われている一方、別のクラスでは静かに深く考える時間が重視されているかもしれません。そのような違いを直接観察することで、新たな発見や学びが生まれるでしょう。さらに、こうした交流は自身の指導力向上につながり、学年全体の教育の質を高めることが期待できます。

4 クラスの枠を超えた関係づくり

交換授業により、子どもたちは自分の担任以外の先生とも関わる機会が増えます。これにより、学年全体で「先生と子ども」の関係が広がります。

例えば、A先生が図工を、B先生が音楽を担当するような形で授業を分担すると、各先生がそれぞれの子どもたちの様子を知ることができます。これにより、担任以外の先生からも、子どもたちのよさや可能性を引き出すことが可能になります。また、子どもたち自身も、何か困ったときや相談したいときに、担任以外の先生に頼ることができるようになります。

5 先生の負担軽減

特定の教科や内容を分担することで、それぞれの先生の負担を軽減し、より効率的な準備が可能になります。

例えば、学年に3つのクラスがある場合、同じ授業を3回行うことになります。この繰り返しにより、授業内容を改善したり、授業運営の工

夫を重ねたりすることができます。結果として、授業の質が向上し、先生自身のスキルアップにもつながります。また、分担によってつくり出した時間を他の業務や自己研鑽に充てることができるため、全体的な働きやすさも向上します。

6 交換授業の具体例

　実際に交換授業を行う際のポイントは、**時間割の調整**です。週当たりの時数が同じ教科同士で交換することが基本となります。

　例えば、理科と社会、音楽と図工の組み合わせが考えられます。また、道徳の授業をローテーション形式で行うことも可能です。この方法では、3クラスが同じ時間に道徳を行い、A先生が「友情」をテーマにした授業を順番に1組、2組、3組で行い、B先生は「生命尊重」、C先生は「公正公平」をテーマに同様のローテーションを行う、といった形になります。

　このような形で授業を交換することで、各先生が学年全体の子どもたちを把握し、共通理解を深めることができます。この共通理解が深まることで、例えば、ある子どもの様子を見た別のクラスの先生から新たな一面を評価されたり、学習のつまずきが共有され、適切な支援につながったりすることがあります。また、複数の先生が同じ目標をもって指導に当たることで、子どもたちに一貫した教育が提供され、安心感をもって学びに取り組むことができます。さらに、相談や支援の窓口としても多くの先生が関わることができるようになります。

　交換授業は、子ども・教師の双方にとって大きなメリットがあります。また、学年全体の連携やチームとしての力を高める重要な機会でもあります。導入に当たっては、まず担当する教科や内容を明確にし、時間割の調整を行うことが第一歩です。事前の計画をしっかり行うことで、交換授業は大きな成果を生むことが期待できます。

第3章　│　リーダーシップを発揮する　　109

行事の成果と課題を共有する

① 行事の質の向上には、効率的で建設的な振り返りが鍵となる。

② 振り返りは「直後」「比較」「記録」の3ステップが重要。

③ 計画書に課題や改善点を記録し、次年度につなげる。

④ ファシリテーションと役割分担で改善のプロセスを充実させる。

1 行事の成果と課題を共有する意味

　学校行事の振り返りは、次年度以降の改善や、子どもたちの成長を最大化するための重要なプロセスです。しかし、振り返りの場が形式的になったり、共有した課題が次年度に活かされなかったりするケースが少なくありません。学年主任には、行事の成果と課題を単なる反省会に終わらせるのではなく、課題解決を意識することが求められます。同じ失敗を繰り返さず、行事の質を向上させるために、効率的かつ建設的な振り返りの方法について考えていきたいと思います。

2 成果と課題の振り返り方法

　振り返りは、次の3ステップで行います。

1 行事直後に振り返る

　行事が終わった直後の振り返りは、課題を鮮明なまま記録するために正確です。時間が経つと細かい点を忘れてしまいがちですから、教職員

間で早めに意見を集めることが大切です。

2 しおりや計画案を使って比較する

振り返りの際には、しおりや事前の計画案と実際の行動を比較することが効果的です。ギャップを把握することで、具体的な改善点が見えてきます。例えば、次の3つの視点で振り返ることが考えられます。

①うまくいった点（成功事例）：子どもたちが主体的に動けた場面など。
②課題（改善が必要な箇所）：動きが分からなくなってしまった子どもがいた場面など。
③代替案（次回に向けた提案）：子どもたちに事前の説明をどんな内容で、いつ行うのかなど。

3 データで記録する

次年度に振り返りを活かすには、情報の管理が重要です。記録が散逸してしまうと、せっかくの意見も無駄になってしまいます。

そこで、デジタルツールを活用して、計画案にコメントを残すことをおすすめします。WordやGoogleドキュメントを使えば、教職員全員がリアルタイムでコメントを追加できます。また、こうしてコメントを残し

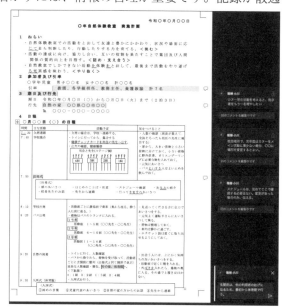

自然体験教室計画（例）

た計画案は共有フォルダに保管して、次年度の担当者が簡単に参照できる仕組みをつくります。

3 課題を次年度につなげる工夫

　行事の課題が、次年度に反映されないケースはよくあります。その原因は、反省点が計画書に具体的に記載されていないことが考えられます。解決策として、次の2つが挙げられます。

①翌年度の行事計画書を作成する際に、振り返り内容が付け加えられた前年度の計画を参照する。
②計画書作成時に、「昨年度からの改善点」を明記する。

4 学年主任の役割

■ 学年主任のファシリテーション力

　振り返りを「単なる反省会」で終わらせないためには、学年主任のファシリテーション力が重要です。建設的な意見交換ができる場をつくるために、進行役としてのスキルを高め、全員が意見を出しやすい雰囲気を意識的につくりましょう。

成果を共有してポジティブな雰囲気をつくる

・最初に成果を共有することで、全員が前向きな気持ちで議論に参加しやすくなります。
例：「子どもたちが主体的に活動できた場面はどこでしたか？」と問いかけてスタートする。

課題を出し合い、建設的な意見を集める

・各自の意見を出し合う際は、「課題を指摘するだけでなく、改善案を

一緒に考える」姿勢を促しましょう。

例：「○○の場面で困ったことはありますか？　では、次はどうすれば
　　　よいと思いますか？」と具体的に問う。

改善案と次年度の行動計画をまとめる

　最後に、振り返りで出た意見を次年度にどう活かすか、具体的な行動
計画に落とし込みます。

例：「次回は事前に○○の説明を○○のタイミングでしましょう」とい
　　　った具体策を共有する。

2 役割を分担する

　学年主任が一人で全てを抱え込むのではなく、役割分担を工夫するこ
とも大切です。

・記録の指名を必ず行い、振り返り内容を記録します。
・必要に応じて、行事を担当した先生に司会を行ってもらうことも
　あります。

　行事の成果と課題の共有は、単なる反省ではなく、次年度に活かすた
めの「改善のプロセス」です。同じ課題を繰り返さないために、学年主
任として振り返りの場を改善の起点とし、チームでの学びを次につなげ
る意識をもつことが重要です。

　成果を積み上げ、課題を改善し続けることで、子どもたちの体験の質
は着実に向上していきます。学年主任の皆さんが、前向きで建設的な振
り返りの場をつくり、次年度の成功に向けた一歩を踏み出せるよう、ぜ
ひこれらのポイントを実践してみてください。

第3章　│　リーダーシップを発揮する　　113

日々の教育活動の成果と課題を次学期、次年度につなげる

① 教師の感覚に加え、児童生徒アンケートを活用して改善策を探る。

② 学年ビジョンに基づいたアンケートで、指導改善策を検討する。

③ 短時間の振り返りと具体的な改善策の実行を意識する。

④ 課題は前向きに捉え、明るい雰囲気で共有する。

1 成果と課題を共有する意味

　学年主任として、学年の先生方と一緒に日々の教育活動の成果と課題を共有することは、指導の質を向上させる大切なプロセスです。これを行うタイミングとしては、1年間の中で「中間」と「終わり」の2回を意識するとよいでしょう。

　例えば、年度途中の振り返りで「子どもたちがもっと互いの意見を交流できるようにしたい」という課題が見えたとします。その場合、すぐに対応策を実施すれば、年度内で変化を実感できます。このように、中間の段階で共有する意義は、残りの期間に指導の改善が可能になる点にあります。一方、年度末の振り返りは、1年間の指導の到達を測り、次年度に向けた課題を明確にするための大切な機会です。

　成果と課題の共有には、教師の「肌感覚」だけでなく、子どもたちの「手応え」や「実感」も大切にしたいものです。そのために、具体的な方法として児童生徒アンケートを活用します。アンケートは、子どもたち自身の意識を探るための1つの指標として非常に有効です。もちろん、アンケート結果が全てではありませんが、客観的なデータとして活用す

114　日々の教育活動の成果と課題を次学期、次年度につなげる

ることで、より具体的で効果的な改善策を見つける助けとなります。

2 成果と課題を明らかにする

　成果と課題を明確にするためには、児童生徒アンケートをデータとして活用し、教師の目や感覚をフィルターとして解釈します。ここで指標となるのが、学年当初に設定した3つのビジョンです。

　私が勤務する学校の例では、「挑む」「やり抜く」「認め・支え合う」という3つのビジョンを設定しました。このビジョンに対応するアンケート項目を設定し、それを基に到達度を測ります。

　例えば、「認め・支え合う」に関連するアンケート項目として「友達とお互いの考えのよさを認め合い、力を合わせて活動しています」という質問があるとします。この質問に対する回答を、四件法で「あてはまる」「まああてはまる」「あまりあてはまらない」「あてはまらない」と分類し、それぞれの割合を分析します。

　また、「あてはまる」「まああてはまる」の肯定的な評価の割合が高ければ、ビジョンに沿った学習活動がうまく機能していると言えます。一方、否定的な評価が多い場合は、改善が必要な部分があることを示しています。このように、数字を手がかりにして、成果、課題、改善点を考える流れをつくります。

　さらに、各クラスでの評価結果を共有し、学年全体の傾向を話し合うことも重要です。例えば、各クラスごとに振り返りシートを簡単にまとめ、学年会で発表し合う形式を取ると効果的です。発表の際には、成果と課題、次のアクションを簡潔にまとめ、共有時間を短縮する工夫もできます。ここで大切なのは、一人一人の見立てが独りよがりにならないよう、他の先生から意見をもらい、共有することです。互いに評価を伝え合うことで、新たな気付きが生まれ、より客観的で実効性のある改善策を見つけることができます。

第3章　リーダーシップを発揮する　115

ビジョン	アンケート内容	あてはまる	まああては まる	あまりあて はまらない	あてはまら ない
挑む	これまでできなかっ たことや、もっとで きるようになりたい ことに、自分から進 んで取り組んでいます	◯ %	◯ %	◯ %	◯ %
やり抜く	授業では、よりよい 方法を考えて最後ま で諦めずに取り組ん でいます	◯ %	◯ %	◯ %	◯ %
認め・支え合う	友達とお互い考えのよ さを認め合い、力を合 わせて活動しています	◯ %	◯ %	◯ %	◯ %

3 大切なポイント

　成果と課題、改善点を共有する際に、特に学年主任が心がけたいポイントをいくつか挙げます。

　まず、「できるだけ簡単に、短時間で振り返ること」です。忙しい日々の中で、振り返りが負担になってしまうと、継続することが難しくなります。例えば、「振り返りシートは1人5分以内で書き込む」「よかった点を付箋紙に書いて全員で共有する」といった短時間で効果的な手法を取り入れると、実践しやすくなります。短時間でも効果的に振り返りを行う方法を意識しましょう。

　次に、「数字はあくまで1つの参考材料として捉えること」です。アンケートの結果が全てではなく、学級担任が子どもたちと日々関わる中で得た感覚や実感も大切です。これらを組み合わせることで、より正確な見立てが可能になります。

　さらに、成果と課題では「具体的な学習活動の姿を振り返ること」が重要です。例えば、成果として「友達と協力できる子が増えた」といった姿を挙げた場合、その背景にある具体的な活動を探ることで、なぜそれがうまくいったのか、逆に課題がある場合は何が原因だったのかが見

116　日々の教育活動の成果と課題を次学期、次年度につなげる

えてきます。

　最後に、「成果と課題を受けて、具体的な改善点（アクション）につなげること」です。振り返りの目的は、次の行動に活かすことです。共有した課題について、具体的に「誰が」「いつ」「どのように」改善策を実施するのかを明確にし、実行に移すことが大切です。

	成果			課題			改善点		
挑む	…	…	…	…	…		…	…	…
やり抜く	…	…		…			…	…	
認め・支え合う	…	…		…	…		…	…	

4　学年主任の役割

　成果と課題を共有する際に、学年主任が果たすべき役割は、「明るく、前向きな雰囲気で共有すること」です。課題が多く見つかったとしても、それをネガティブに捉えるのではなく、「次につなげるための貴重な材料」として前向きに共有しましょう。明るい雰囲気で共有することで、先生方のモチベーションも上がり、積極的に改善策を実行しやすくなります。

教室環境を整える

① 各クラスの教室環境を整えることは、学年全体の雰囲気や学習の効果に影響する。

② 学年主任の年度はじめの準備を効率化する３つのポイントを大切に。

③ リストアップと役割分担で学年準備を効率化する。

④ 統一感と個性を両立する教室環境を工夫する。

1 学年の各クラスの教室環境を整える上で 学年主任が心がけること

　学年主任として、各クラスの教室環境を整えることは、学年全体の雰囲気や学習の効果に大きく影響します。初めて学年主任を受けもつ方が安心して新年度を迎えることができるように、以下にポイントを挙げながら考えていきたいと思います。

2 年度はじめに楽に整える

　年度はじめは、学年主任にとって一番忙しい時期です。例えば、初日に子どもたちをスムーズに迎えるために、玄関に靴の位置を示す掲示物を用意したり、各教室でロッカーや机の位置を示す掲示物をつくったりします。また、保護者への連絡事項を整えるなど、細かな準備が次々と必要になります。この時期に教室環境を整える準備を簡略化し、スムーズに進めるためには、以下の点を意識するとよいでしょう。

1 共通事項をマニュアル化する

玄関に靴を入れる位置を知らせる掲示物や、座席やロッカーの位置、初日の時間の流れなど、全クラスで共通する基本事項は、統一したマニュアルにまとめておくと便利です。

こうした指示にクラスの個性を反映させる必要はなく、統一して整えることで、担任の負担が軽減され、準備がスムーズに進むという利点があります。

2 簡潔で使いやすい掲示物を準備する

学年で役割分担して、簡単な掲示物を用意することで、学級担任の負担を軽減できます。掲示物には図示や色分けを活用し、ひと目で分かるデザインを心がけましょう。

3 スムーズなスタートを支える仕組みづくり

例えば、初日に必要な資料をまとめたフォルダを用意したり、学級担任と話し合って最初の1週間の予定を共有したりするなど、学年全体が同じ方向を向けるように準備を進めます。

3 リストアップと役割分担

学年全体で効率よく環境を整えるためには、事前に必要なものをリストアップし、役割分担を明確にすることが重要です。

例えば、全クラスで同一デザインの「進級おめでとうのメッセージ」を用意することで、かなり時間の短縮ができますし、誰が担任なのかを発表の前に子どもたちが知ってしまうというトラブルも防ぐことができます。また、データ化された児童名簿や座席表テンプレートを共有することで、急な変更にも柔軟に対応でき、先生同士の連携もスムーズになります。

チェック	作業内容	担当者	締切日	備考
☐	座席表テンプレート作成	A先生	○月○日	全クラス分作成、データ保存
☐	児童名簿データ作成	B先生	○月○日	クラス分け配布、データ保存
☐	教室掲示物印刷	学年主任	○月○日	印刷後、各クラスに配布
☐	玄関掲示物準備	A先生	○月○日	靴の位置、傘立て掲示
☐	初日のタイムスケジュール作成	B先生	○月○日	共通の流れを作成
☐	保護者配布用プリント（学校全体の予定、学年通信など）	学年主任	○月○日	印刷後、各クラスに配布
☐	時間割テンプレート作成	A先生	○月○日	全クラス分作成、データ保存

❶ リストアップの徹底

　必要な物品や作業をリストアップし、「誰が」「いつまでに」行うのかを明示することで、各自の役割を明確にします。

❷ 作業の一括化

　掲示物や書類など、全クラス共通で使用するものは、同じ担当者が全てを作成するようにします。これにより、無駄な重複作業を防ぎ、効率的に準備を進められます。

❸ データ化による効率化

　クラス名簿やタイムテーブルなど、カスタマイズが必要な資料は基データをデジタル化して保存し、簡単に更新できるようにしておくと便利です。また、これらの資料にはチェックリストを添付し、準備漏れがないように注意します。

120　　教室環境を整える

4 それぞれのクラスの個性を出す

統一感を保ちながらも、各クラスが個性を発揮できる教室環境を目指すことが大切です。例えば、全クラスで学級目標を掲示するということは共通にして、そのデザインは各クラスに一任することで、統一感と個性を両立できます。

1 統一する部分の明確化

学年で共通の活動（例えば、習字や図工の作品）や、学校で定められた目標などは、掲示物を揃えることで、全体的な統一感を出すことができます。

2 自由な個性を尊重する

統一すべき部分以外は、学級担任と子どもたちのアイデアを反映させましょう。例えば、教室の飾りつけや係活動の掲示物などは、それぞれの工夫を大切にします。

3 相互のアイデア交換

他のクラスのよいアイデアを取り入れることもおすすめです。お互いに教室を見学し合い、気になったことは気軽に質問したり、真似をしたりすることで、学年全体の質が向上します。

学年主任として教室環境を整える際には、年度はじめの効率化、リストアップと役割分担、そしてクラスの個性を尊重することがポイントです。合わせて、学年のメンバーに揃える部分と個性を出したい部分についての意見をもらいながら、準備を進めていくことがとても大切です。一人で抱え込まず、意見を出し合いながら楽しく準備を進めていくスタンスが重要です。

第3章 リーダーシップを発揮する 121

学習進度を整える

❶ 「進度」だけでなく「深い理解」を大切にする学びを目指す。

❷ 履修主義と習得主義の視点から、学習進度を揃えることについて考える。

❸ 履修主義と習得主義の調和で実現する学びを実践する。

1 早ければいいのか？

「もう〜の単元の学習は終わりましたよ。今は次の〜を進めています」。

学年会で進度を報告し合うとき、こんな発言を耳にしたことがあるかもしれません。進度を共有すること自体は必要なことであり、悪いことではありません。ところが、もしこの発言の裏に「クラス全体の進度が早ければ早いほどよい」という価値観が隠れているとしたら、少し注意が必要です。

確かに、学習指導要領では、各学年で履修すべき内容が定められています。しかし、子どもたち一人一人がしっかり理解できているかどうかも同じくらい大切です。

一斉型の授業で教師が一方的に進めるだけならば、進度を早めることは難しくありません。でも、それでは子どもたちの理解が置き去りにされてしまうかもしれません。大事なのは、「早ければよい」ではなく、「一人一人が深く理解できる」学びを目指すことです。

122　学習進度を整える

2 履修主義と習得主義の視点から

■1 履修主義の視点：学習進度を揃えることの重要性

　「履修主義」とは、定められたカリキュラムを所定の時間内に終えることを重視する考え方です。この視点に立ってみると、クラス間で学習の進度を揃えることには、以下のような理由があります。

【理由①：教育課程の統一性を保つ】

　公立小・中学校では、学習指導要領に基づいた教育課程が策定されています。同じ学年の子どもが同じ内容を履修することが求められるため、クラス間で進度が大きく異なると、教育課程の統一性が損なわれる可能性があります。この進度を揃えるためには、学年会で定期的に進度を確認し、進捗状況を共有する仕組みを取り入れることが有効です。

【理由②：公平な教育機会の保証】

　進度の差は、子どもが受ける教育の質に影響を与えることがあります。例えば、進度が遅いクラスでは、予定された学習内容を十分に学ぶことができないということがある一方、進度が速いクラスにおいて一部の子どもたちは学習についていけなくなることがあります。公平な教育の機会を提供するためにも、進度をある程度揃える必要があると言えます。

■2 習得主義の視点：学習進度を揃えることの弊害

　一方で、「習得主義」とは、子どもたちが学習内容をしっかりと理解し、身に付けることを重視する考え方です。この視点からは、一律に進度を揃えることには、いくつかの問題があると考えられます。

【問題①：個々のペースに応じた指導が難しくなる】

　子どもたちの理解度や認知特性には個人差があります。進度を揃えることを優先すると、理解が追いついていない子どもが取り残されてしま

第3章 ┃ リーダーシップを発揮する　123

う可能性があります。また、すでに理解している子どもにとっては、学びへの興味を失うことにもつながります。

【問題②：深い学びや探究的な学びを妨げる】

　習得主義では、単に学習内容を終えるだけでなく、子どもたちが主体的に考え、学びを深めることを重視します。しかし、進度を揃えることに固執すると、「深い学び」や「探究的な学び」に割ける時間が減る恐れがあります。そのため、ICTを活用して子ども一人一人の進度や興味・関心に合わせた学習を進める工夫や、一人一人の考えや疑問を共有して仲間とディスカッションしたりする工夫が必要です。

3 実践的なバランスの取り方

　実際の授業では、履修主義と習得主義のバランスを取ることが求められます。以下は、そのための具体的なアイデアです。

履修主義の視点	習得主義の視点
学年全体での進度を調整する	各クラスの子どもたちの理解度に応じて柔軟に進める
教育課程の目標を達成することを重視	個々のペースに合わせた個別最適な学びを推進する

1 履修主義の視点を取り入れる方法

　学年主任としては、学年全体で「進度を大枠で揃えつつ、柔軟に調整する」ことが重要です。

　例えば、学年会で月単位や学期単位で進度を確認し、全クラスが一定の内容を未履修なく終えられるようにします。そのためには、学年で共通のスケジュール（単元配列表）を作成し、各クラスがそれを基に学習を進めることができるとよいでしょう。

② 習得主義の視点を取り入れる方法

　一方で、習得主義の観点からは、一人一人に合った柔軟な調整を行うことが求められます。個別最適な学びを実現するためには、単元に費やしてもよい時間に一定程度の制約は設けつつ、個々が学習の方法や時間を選択できるように、以下のような方法で子どもたちが学んでいくことが考えられます。

■ICTの活用

　ICTを利用して、子どもたち一人一人の進度や習熟度を把握し、理解が早い子どもには発展的な課題を、理解が難しい子どもには補助的な課題を提供します。

■単元内自由進度学習

　学習の進度や方法等を子どもが自ら調整できる仕組みを提供します。

　例えば、子どもが学習進度を記録し、現在の到達点を確認しながら次の課題を選択できる形式を取り入れます。単元で学ぶべき学習内容や課題を明確に提示することで、子どもは自身の興味や学習ペースに合わせて効率的に進むことができます。また、進度に応じた個別フィードバックや補助指導を行うことで、理解度を高める環境を整えます。

■探究学習

　興味・関心に基づいたプロジェクト学習を取り入れ、子どもが主体的で協働的に学びを進められる場を提供します。

　履修主義と習得主義の両方をバランスよく取り入れることで、子どもたち一人一人にとってよりよい学びを実現することを目指していきましょう。

初回の保護者懇談会に向けて

❶ 保護者懇談会には３つの目的がある。

❷ 懇談会の具体的な進行例を考える。

❸ 懇談会成功のために行う事前準備と注意すべきポイントとは。

　初めての保護者懇談会は、学年主任にとって大切なイベントです。この場で、学年の目標や方針を保護者と共有し、信頼関係を築くことが重要です。ここでは、懇談会をスムーズに進めるための準備や進行のコツを、具体的に考えていきたいと思います。

1　懇談会の目的

　保護者懇談会の目的は、以下の３つです。

①**情報共有**：学年の目標や教育方針を分かりやすく伝え、保護者との共通理解を深める。
②**関係構築**：保護者同士や教師との信頼関係を築き、協力しやすい環境をつくる。
③**不安の軽減**：学校生活や学年活動に対する保護者の疑問や不安を解消し、安心感をもてるようにする。

　初めての出会いの場では、リラックスした雰囲気づくりを心がけることが大切です。

2 懇談会の進行例

1 あいさつと趣旨説明（5分）

　学年主任が明るく笑顔であいさつをして、懇談会の趣旨を簡潔に伝えます。

例：「本日は、お忙しい中お集まりいただき、ありがとうございます。一緒に楽しく1年間をサポートできる関係を築いていきます」。

2 アイスブレイク（5分）

　保護者が打ち解けられる時間を設けます。

■自己紹介タイム

テーマ例：「お子さんの好きな遊び」や「最近ご家庭であった楽しい出来事」等。学年主任が最初にお手本として、上記のような話題を加えた短い自己紹介をすることで、話しやすい雰囲気をつくります。

■ペアやグループでの交流

　ペアやグループで簡単な質問をし合い、会話を促します。

例：「お子さんが学校で楽しみにしていることは？」「ご家庭で人気のイベントは？」など。

3 学年の理念・育てたい児童像の共有（10分）

　以下のような項目で学年の目指す方向性を共有し、保護者の理解を深めます。

・育てたい児童像
・学年の目標
・保護者への協力のお願い

　スライドではイラストや写真を使い、視覚的に分かりやすく伝えることを心がけます。

4 学年の1年間の予定紹介（5分）

　学年主任が、年間行事や大事なスケジュールを分かりやすく説明します。運動会、宿泊学習、音楽会、展覧会等の主要な行事について、それぞれの行事をどのような目的で行い、どんな成長を期待しているのかを伝えます。配布資料に年間予定表を載せ、質問があればその場で丁寧に回答します。

5 担任ごとのクラス紹介と方針（5分）

　各担任が受けもつクラスの状況や方針について説明します。

6 質疑応答・意見交換（10分）

　保護者同士で意見交換する時間を少し取った後に、保護者の質問に答えるようにします。まずは、近くの人と少し確認をする時間をとることがポイントです。

7 まとめと感謝の言葉（5分）

　懇談会の最後に、感謝と期待を伝えます。

例：「今日はありがとうございました。一緒に楽しい1年にしましょう」。

3 成功のための事前準備と注意したいポイント

1 成功のための事前準備

■資料や物品の準備
- ・配布資料。
- ・説明用のスライド。

■事前の先生同士の打ち合わせ

128　初回の保護者懇談会に向けて

・懇談会の流れや役割分担を確認。

・よくある質問に対する回答を共有。

2 注意したいポイント

■時間配分を守る

長時間にならないよう、各セッションの時間を調整します。

■双方向のやりとりを意識する

一方的な説明にならないよう、少人数グループでの意見交換を積極的に取り入れて、保護者の声を積極的に引き出します。

年度はじめの保護者懇談会は緊張するかもしれませんが、準備をしっかり行えば安心して進められます。保護者の皆さんとよいスタートを切り、一緒に素晴らしい1年をつくり上げましょう。

<懇談会を温かい雰囲気にするアイデア>

①懇談会の場づくり

○「座席の配置」
・前向きのままにする
・円になる
・4～5人の小グループで、円をいくつかつくる

※円になり、お互いの顔を見合いながら話し合うことで、安心したり、一体感を感じたりすることができます。

②アイスブレイク

○「自分の自己紹介＋子どもの紹介」
　自分の自己紹介に加えて、子どもの好きなことやものを加えて、参加者の皆さんに紹介します。

○「サイコロトーク」
　少人数グループで、順番にサイコロを振り、出たお題について話をする。
　～お題の例～
　・成長を感じたこと　・頑張ってほしいこと　・困りごと　・親子で楽しんでいること
　・〇年生の思い出　・子どもの好きな食べ物

○「くじ引きトーク」
　一人一枚紙を配り、子育てで悩んでいることも含めて、皆さんに聞いてみたいことを書いてもらう。集めた紙を袋に入れる。順番に袋を回し、書いてある質問に答える。

第3章 ｜ リーダーシップを発揮する

第 **4** 章

協働的な
チーム学年をつくる

学年主任に求められる
チーム学年づくり

❶ 本音で語り合える心理的安全性の高い「チーム学年」をつくる。

❷ チーム学年づくりで5つの大切なことを学ぶ。

❸ 学年会を自由にアイデアを出し合う時間として活用する。

❹ 日々交わす言葉とそれに付随する表情に気を配る。

1 本音で語り合える「チーム学年」とは

　令和の時代に入り、加速度的に変わっていく社会の中で、学校にも様々な変化の波が押し寄せてきています。そんな中で、大切になってくるのは、柔軟に状況に対応できるチームとしての学年をつくっていくことだと考えます。

　柔軟に対応できるとは、その場の状況に応じて、お互いにアイデアを出し合いながら、それらを選択したり、組み合わせたりして、最適な解決策を見つけ出していくことです。

　こうした最適な解決策を見つけ出すためには、学年のメンバーが本音で語り合えることが重要です。「本当はこっちがいいのに」「実はこれを試してみたい」というような改善につながるような本音を、気兼ねなく出し合えるチームこそが大切であることは言うまでもありません。

　このようにメンバーが、安心して自分のアイデアを出し合ったり、互いのアイデアについての賛否を伝え合える状態を、心理的安全性の高いチームと呼ぶそうです。

　このような学年の集まりを「チーム学年」と呼びたいと思います。「チ

ーム学年」では、新しいアイデアを創出したり、問題解決を即時的、効果的に行うことができます。合わせて、「チーム学年」では、自分の力が集団のために生かされていることが実感できるため、学年の先生方がチームのための仕事に積極的に取り組み、学年に対して貢献しようという意識が高まっていくことが期待できます。

2 チーム学年づくりで大切にすること

　メンバーが安心して意見交換や新しいアイデアを出せるようなチーム学年づくりで、大切にすべきことは何でしょうか。具体的には、以下の5つのポイントを挙げることができます。

①異なる意見や価値観を認め合い、学年のメンバー同士がお互いの意見を尊重する。
②なるべく否定的な言葉を使わず、積極的に代替案を示す。
③メンバーの挑戦を認め、面白がる。新たな挑戦ができたこと、挑戦のプロセスを認め合う。
④意見を自由に言い合うことができるコミュニケーションの場（学年会、～タイム）を短いスパンで定期的に設ける。
⑤まずは、学年主任が上記のような学年メンバーとの信頼関係を築くためのモデルとなる。率先して挑戦し、メンバーの考えをよく聞き、サポート、フィードバックをする。

　上記の事柄は、こうやって文字で見ると当たり前に感じることかもしれません。しかし、実際に行動に移すことはなかなか難しい場合も多くあります。
　互いの考えを伝える際に遠慮せず、しっかりと伝える。しかし、相手の考えもしっかり受け入れ、大切にしながら建設的に合意形成を図っていく。いわば、「遠慮はしないけれど、配慮はする」。このチーム学年として良好な関係性は、文章化して、どこかにポスターや宣言として張り

第4章　協働的なチーム学年をつくる　133

出すだけではつくり上げることはできません。自らが率先してモデルとなること、メンバーを大切にしながらも、チャレンジを忘れない姿勢を示すこと。そうすることで、人と人をつなぐ、要となるキーパーソンとなることができるのだと思います。

3 アイデアを出し合う時間をつくる

こうしたチーム学年は、一朝一夕にできるものではありません。オフィシャルな場とアンオフィシャルな場で、オープンな対話を積み重ねていく必要があります。

アンオフィシャルな場での対話とは、朝のちょっとした時間、放課後の職員室、ふと廊下で出会った際の会話など、業務中の隙間の時間を使った情報共有や確認がメインになると思います。

ここで改めて取り上げたいのは、オフィシャルな場としての学年会です。学校によって頻度は異なると思いますが、週に1回、または2週に1回の学年会を開いていることが多いのではないでしょうか。この時間を学年経営の中心に据え、戦略的に活用していきましょう。

戦略的と言ってもそんなに難しいことではなく、アイデア出しの時間としても学年会を活用していくということです。学年会としての情報共有、意思決定はもちろん大切なことなので、そうした内容は大切にしながらも、時に自由にアイデアを出し合う時間として学年会を位置付けます。

具体的には、各教科や総合的な学習の時間の学習活動の展開について相談したり、運動会の団体種目の内容について話し合ったりするために活用していきます。こういう、オープンなテーマを少し先を見越しながら、意図的にもってきます。少し先を見越すというのは、大抵オープンなアイデア出しは、拡散して終わりになることが多いので、「少し時間を置いて、次にまた話し合いましょう」という余裕をもつためです。

もちろん、こうしたオープンなテーマについて話し合う際には、時間

134　学年主任に求められるチーム学年づくり

を決めることが必須です。むしろ、限られた時間でやることに大きな価値があります。時間にリミットがあるからこそ、本気でアイデアを出し、絞り込むことができるようになります。

4 言葉と表情を大切に

それぞれの学年には、何とも言葉で形容し難い「それぞれの学年のカラー」というものが存在します。皆さんも感じたことがあるのではないでしょうか。

学年のカラー、言い換えれば学年の雰囲気を形づくっているのは、日々の学年のメンバーのコミュニケーションと言えます。このコミュニケーションにおいて、最も重要なのは、日々相手と交わす言葉とそれに付随する表情です。これら2つの要素は、チーム内の信頼関係を築き、円滑な対話を生み出すために不可欠です。

1 言葉を大切に

言葉には力があります。ポジティブで建設的な言葉を使うことで、メンバーは自分の意見が尊重されていると感じ、積極的に発言しやすくなります。対立する意見が出ても、否定的な言葉を使わず、代替案を示すことが重要です。当たり前のことかもしれませんが、乱暴な言葉や相手の人格を傷つけるような言葉は決して使わないようにします。

2 表情を大切に

言葉と同様に、表情もコミュニケーションにおいて大きな役割を果たします。明るく柔らかな表情で接することで、相手は安心して意見を述べやすくなります。特に難しい話題に触れる際も、冷静な表情を保ち、相手を受け入れる姿勢を示すことが信頼を築く鍵となります。

第4章 ｜ 協働的なチーム学年をつくる　135

学年主任がもつべき
マインドセット

❶ 固定型マインドセットと成長型マインドセットの違いを知る。

❷ 明るさを保つことで、学年全体の信頼を築く。

❸ 子ども・同僚・自分を信じ、困難を乗り越える。

❹ 学年主任が協働的な雰囲気を意識的に育む。

❺ 失敗を恐れず挑戦する姿勢が信頼を築く。

　初めて学年主任を任されたとき、とても大きな責任とプレッシャーを感じたことでしょう。しかし、それと同時に、学校全体や学年の子どもたち、先生方にとって大きな影響を与える立場でもあるので成長のチャンスとなります。学年主任には、どんな状況であっても前向きに対応できる「マインドセット」をもつことが大切です。

　この章では、学年主任が意識すべきマインドセットについて考えていきたいと思います。

1　マインドセットとは

　まず、「マインドセット」という言葉を聞いたことがあるでしょうか。この考え方には、大きく分けて2つのタイプがあります。それが「固定型マインドセット」と「成長型マインドセット」です。心理学者キャロル・S・ドゥエック氏の研究[1]で有名になったこの概念ですが、簡単に説明すると、以下のような違いがあります。

136　　　学年主任がもつべきマインドセット

- 固定型マインドセット

  能力や才能は生まれつき決まっていて、努力では変わらないと考えるタイプ。失敗を恐れ、挑戦することに消極的です。
- 成長型マインドセット

  能力や才能は努力次第で伸ばせると考えるタイプ。失敗も学びの一部として捉え、積極的に挑戦します。

　学年主任としては、この「成長型マインドセット」を意識的にもつことが大切です。なぜなら、主任としての立場では、困難な場面に直面したり、思い通りにいかなかったりすることもたくさんあるからです。しかし、成長型の考えをもつことで、それを乗り越え、前向きに進む力が生まれます。

　では、具体的にどのような意識をもてばよいのか、次の4つに分けて考えていきます。

2 ❶明るくいること

　学年主任が「明るさ」を保つことは、学年全体の雰囲気に直結します。「笑う門には福来る」という言葉があるように、明るさは周囲との信頼関係を築くために欠かせない要素です。

　学年主任がいつも不機嫌だったり、深刻な表情ばかりしていると、子どもたちも萎縮してしまいますし、先生方も相談しづらくなります。もちろん、無理に明るく振る舞う必要はありません。全員がいつも笑顔でいるのは難しいですが、大切なのは「不機嫌さを出さない」ことです。

　例えば、事前に教室環境や資料の準備をしておくことで、焦りや不安を減らし、気持ちに余裕をもつことができます。少し先を見通して行動すれば、自然と穏やかさや機嫌のよさが保てるようになるでしょう。

3 ❷諦めず、信じる

　学年主任は、日々たくさんの問題に直面します。子ども同士のトラブルや保護者対応、学習計画の見直しなど、課題は尽きません。しかし、どんな状況でも「絶対に諦めない」という姿勢が求められます。

　諦めないというのは、ただ闇雲に頑張ることではありません。それは、子どもたちを信じること、同僚の先生方を信じること、自分自身を信じることです。特に、困難な場面では信じる気持ちが試されますが、信じ抜くことで多くの困難を乗り越えることができます。

　もし一人で解決できない場合には、管理職に相談することも大切です。「考え抜けば、何とかなる」という信念をもち続けましょう。その姿勢が、学年主任としての強さを支える基盤になります。

4 ❸助け合う

　一人でできることには限りがありますが、学年全体で助け合えば、大きな成果を出すことができます。

　例えば、学年で「地域の魅力をお菓子で伝えよう」という活動を行う場合を考えてみましょう。

・学年主任が全体の計画を立てる。
・A先生が地域の店舗や施設との交渉を担当する。
・B先生が具体的な学習活動の準備を行う。

　このように役割を分担することで、先生一人一人の負担を軽減しつつ、子どもたちにとってよりよい学びを提供することができます。協働的な雰囲気は、学年主任が意識的につくり上げるべきものです。「頼ることは悪いことではない」と自分にも周囲にも態度や行動で示していけるとよいでしょう。

5 ❹挑戦する

　最後になりますが、学年主任自身が新しいことに挑戦し続けることが大切です。挑戦は、子どもたちにも先生方にも「挑戦する姿勢の大切さ」を伝える最良の手段です。そのためには、次のような意識をもつことをおすすめします。

・結果よりも努力のプロセスを評価する。
・失敗を「学びの機会」として捉える。
・小さな進歩を見逃さず、成長の証として認識する。

　学年主任が挑戦する姿を見せることで、周囲も自然と前向きな気持ちになりやすくなります。失敗を恐れず、学び続ける姿勢が、主任としての信頼を生む鍵になるのです。

　学年主任がもつべきマインドセットについて考えてきましたが、大切なのは、これらを完全に実行する必要はないということです。どんな学年主任であっても人間ですから、悩むことも、うまくいかないこともあります。ただ、その中でも「少しずつでも意識してみる」ことが、必ず学年全体をよい方向に導く力となるはずです。

〈参考文献〉
1　キャロル・S・ドゥエック［著］、今西康子［翻訳］『マインドセット「やればできる!」の研究』草思社 、2016年

第4章 ｜ 協働的なチーム学年をつくる　139

ICTを積極的に取り入れる1

❶「まずは使ってみる」姿勢を大切にする。

❷「得意な人にどんどん聞く」姿勢をもつ。

❸「既存のシステムを積極的に活用する」ことをためらわない。

❹ ICTを活用して、子ども一人一人と向き合う時間をつくる。

1 まずは使ってみる

　学年主任としてICTを活用することには、業務の効率化、情報共有の質の向上、そして先生同士の連携を強化するなど、数多くのメリットがあります。しかし、初めてICTを取り入れる際には、「難しそう」「手間がかかる」といった不安を感じることも少なくありません。そんなときこそ、前向きな姿勢で小さな一歩を踏み出すことが大切です。

　ICT活用は最初から完璧を目指す必要はありません。むしろ、小さなことから取り組むことが重要です。例えば、学年会議の議事録をGoogleドキュメントで共有してみる、学年内で共有フォルダを作成する、簡単なアンケートをGoogleフォームで実施してみる、といった具体的で手軽なタスクから始めてみましょう。

　最初は試行錯誤するかもしれませんが、使っていくうちにスムーズに運用できるようになります。「とにかく始めてみる」という意識が成功への第一歩です。

2 「得意な人にどんどん聞く」姿勢をもつ

職場を見渡すと、大抵一人は自分よりもICTに詳しい先生がいます。そのような先生に相談し、具体的な操作方法や活用事例を教えてもらうことで、実践へのハードルがぐっと下がります。また、同じ悩みを抱える同僚と情報を共有し合うのも効果的です。ICT活用は一人で抱え込む必要はありません。むしろ、周囲と協力しながら進めることで、より効率的で効果的な活用が可能になります。学び合いの文化を学年内で育てることが、ICT導入をスムーズに進める鍵となります。

3 既存のシステムを積極的に活用する

ICT活用の第一歩として、すでに導入されているツールやシステムを活用するのもよい方法です。例えば、Google WorkspaceやMicrosoft Teamsといった教育現場向けのICTツールは、多くの学校で導入されています。これらは初めて使う人でも分かりやすいインターフェースが特徴で、議事録の共有、日程調整、アンケート作成など、日常の業務を効率化するための機能が豊富です。新しい仕組みを一からつくる必要はなく、既存のものを活用して少しずつ慣れていくことをおすすめします。

4 ICT活用の本質を見失わない

ICTを活用する本来の目的を忘れないことが重要です。ICT活用は「新しいものを導入すること」自体が目的ではありません。むしろ、時間や手間を省くことで、教師として本当に力を入れるべきこと、例えば子どもへの支援や授業準備に集中するための手段です。情報を効率的に共有することで、無駄なやりとりが減り、チーム全体の意思疎通がスムーズになります。その結果、子ども一人一人に向き合う時間が確保され、学年全体の教育の質も向上します。

第4章 協働的なチーム学年をつくる 141

ICTを積極的に取り入れる2

❶ デジタルツールで、学年会や日々の決定事項を共有する。

❷ チャットツールとタスクリスト共有で、情報の見落としを防ぐ仕組みをつくる。

❸ タスクや反省点の共有、アンケートのデジタル化によって、行事運営を効率化する。

❹ 適切に生成AIを活用することで、チームの生産性向上を目指す。

前項で述べてきたように、ICTを活用することで、業務を効率化し、チーム全体の連携を強化できます。ここでは、学年主任として具体的にどのようにICTを活用できるかを考えていきます。

1 学年会や日々の決定事項の共有

■ デジタル議事録での共有

学年会での話し合いや日々の決定事項は、その場で記録し、クラウド上で共有することをおすすめします。GoogleドキュメントやOneNoteといったツールを活用することで、「誰が」「何を」「いつまでに」行うのかを明確にし、責任の所在をはっきりさせることができます。特に箇条書きや色分けを使った分かりやすい記録は、情報共有を円滑にするだけでなく、先生同士の連携を強化します。

2 リマインダー機能の活用

Googleカレンダーやリマインダーアプリを利用して、締切や進捗確認を通知する仕組みを導入することで、多忙な日々の中でも重要なタスクを見逃さずに済みます。リマインダーを設定する際には、具体的な行動を促すような内容（例：「○○先生に確認」や「保護者に配布」など）にすると、さらに効果的です。

3 ホワイトボードとの併用

職員室内に小さめのホワイトボードを置き、主要な決定事項を簡潔にまとめて表示する方法も有効です。デジタルツールだけでなく、視覚的に確認できる場所を活用することで、情報を漏れなく共有できる環境を整えます。

2 情報共有・コミュニケーションツールの活用

1 チャットツールの導入

Microsoft TeamsやSlackを活用することで、学年内でのコミュニケーションのスピードを上げることができます。これらのツールは、日常の相談や小さな決定事項を迅速に共有するのに役立ちます。

例えばMicrosoft Teamsを導入し、各行事の進捗を専用チャンネルで共有することができます。導入によって、情報の見落としが減り、スムーズな運営が可能になります。また、リアルタイムでのやりとりが可能なため、行事の最中に急な変更があった場合でも、迅速に対応することができます。ただし、導入時には、通知の頻度を調整するルールを設けるなど、過剰な情報量にならないよう注意が必要です。

第4章 協働的なチーム学年をつくる 143

2 週や月単位での再確認

　学年主任が週単位や月単位で決定事項や行わなければならないこと（タスクリスト）を整理し、メンバーに共有することも重要です。これらをデジタル形式で配信することで、どこにいても繰り返し確認できる環境をつくり、情報の見落としを防ぎます。このような仕組みは、特に忙しい時期において全員が共通認識をもつ助けになります。

3 行事運営の効率化

1 タスクや反省点を共有する

　第3章で詳細については説明していますが、Googleスプレッドシート、カレンダーを活用することで、行事のタスクを視覚的に把握できます。これにより、各タスクの進捗状況を確認しやすくなり、担当者や締切を明確に管理できます。

　行事終了後には、Googleドキュメント等を活用して反省点や成功事例を記録します。この記録を翌年度以降の計画に活用することで、改善サイクルを確立し、毎年の行事運営をスムーズに進めることができます。過去の記録を簡単に検索・参照できる環境を整えることがポイントです。

2 アンケートのデジタル化

　Googleフォームを使用して、運営に携わった先生方、子どもたちや保護者からのフィードバックを収集し、自動集計機能を活用します。データを視覚化することで、課題や改善点がひと目で分かり、次年度の計画づくりに役立ちます。これにより、迅速かつ具体的な改善策を全員で共有できる環境をつくることが可能となります。

144　ICTを積極的に取り入れる2

4 生成AIの活用について

1 業務効率化のための資料作成

　生成AI（例：ChatGPT、Gemini、Copilot）を活用することで、書類や計画案のサンプルを生成AIで作成し、編集しやすい形に整えることができます。例えば、学年通信や行事案内の下書きを短時間で作成することもできます。トピックやキーワードを入力するだけで、文章案やアイデアを生成できるため、業務時間を大幅に削減することができます。これにより、教材作成や子どもへの対応など、先生方が教育の本質的な活動に集中できる時間をつくることができます。

2 行事の反省会での分析補助

　アンケート結果を生成AIに分析させ、回答の傾向や改善点を短時間で把握します。その内容を学年会で検討することで、次年度の計画を効率的に進めることができます。

3 生成AI活用の留意点

　生成AIの情報には不正確なものが含まれる可能性があります。そのため、複数の情報源で裏付けを取り、最終的な内容を必ず精査することが必要です。また、個人情報や学校名などの入力は避けるように注意し、プライバシーを守る配慮が欠かせません。

　ICTの活用は、学年主任としての業務効率化だけでなく、チーム全体の生産性向上にもつながります。上記の具体的な方法を取り入れることで、円滑な情報共有と実務の効率化を実現することができます。

授業・クラスは最高を目指す

① 「リーダー」こそ、本気で働くことを大切にする。

② 失敗してもいい。やって見せることが一番の学びになる。

③ 授業を見せることで、目指す子どもの姿について語り合うことができる。

④ 学級担任である限り、最高のクラスを目指すことを諦めない。

1 リーダーこそ、本気で働く

　ある年の終わりに、一緒の学年を組んだ学年主任の先輩から、「あなたには絶対に負けないつもりで1年間頑張ってきたんだ」と言われたことがありました。その言葉を聞いたときに、その方の覚悟と本気を強く感じたことを今でもよく覚えています。そして、その言葉を聞いたときに、大先輩に対等に扱ってもらっていたことを何だかすごく嬉しく感じたことを覚えています。

　私たちの仕事は、勝ち負けがつくものではありません。この先輩が話していたことは、数字で目に見えるものや成し遂げたことの大きさの勝ち負けではなくて、本気で子どもたちと向き合い、全力を尽くしたことについて、負けない気持ちでやっていたという意味だったことがその後に話をしてよく伝わってきました。

　ここで改めてチームづくりについて考えると、チーム学年の全員のモチベーションを上げる方法に関して言えば、最も効果的な方法は次の一択につきます。

> リーダーこそ、本気で楽しそうに働くこと。

　これに勝るムードづくりはきっとありません。リーダーが楽しそうに、そして自分の仕事に本気で向き合っていれば、チームの雰囲気は自然とよくなっていきます。一方、リーダーがやる気がなく、つまらなそうにしているチームの下では、メンバー全員の士気が下がってしまうことは言うまでもありません。

　リーダーの思い、言葉、態度でチームを勇気付け、変えていくことができる。リーダー自身がグループのメンバーの誰よりも本気で自分のクラスの子どもや自分自身の仕事に向き合うことで、チーム自体の仕事への向き合い方も変わっていきます。

> ・リーダーが日々の授業をないがしろにせずにしっかりと授業研究に取り組み、確かな授業を行っていること。
> ・リーダー自身が子どもに対して真摯に向き合い、徹底的に悩みながら最善と考えられる対応をしていること。

　このような姿を見せることによって、「あぁ、子どもや授業と本気で向き合うってこういうことだよな」「あれだけしっかりと準備をすることで、いい授業・いいクラスに近付くことができるんだな」と分かってもらうことができるのだと思います。

　偉そうに「～は難しい」とか「～はやめたほうがいい」「～すべきだ」というような指示は、正直、受け入れられないこともあるかもしれません。このような指示を出すよりも、リーダーが本気で楽しそうに仕事に向き合うことによって、自然とチームのメンバーも自ら目標をもって仕事に向き合うことできるはずです。

第4章　協働的なチーム学年をつくる　147

2 失敗してもいい、やって見せよう

　第1章で述べたように、学年主任とはプレイング・マネージャーという立場で学年の先生方・子どもたちと関わっていくことになるわけです。だからこそ、自分もプレーヤーとして、常に成長し続け、最高のものを目指す必要があるのです。

　やはり、子どもと共に最高の授業・最高のクラスを目指している人の姿はとても生き生きとしていて、その人が発する言葉には力があります。そういう人の姿・言葉は周りを動かす力をもっています。

　チャレンジを続けていく上で、失敗はつきものです。この失敗もしっかりとチームのメンバーに見てもらうべきです。

　これまで教師という仕事を続けて、失敗をしたことがない人なんていないと思います。私自身もこれまで、数多くの失敗を積み重ねてきました。本書を読んでいただいている皆さんも大小の違いはあれど、数々の失敗を積み重ねて、今の自分があるのではないでしょうか。失敗から原因を見つけ、どのように工夫を積み重ね、改善していくのか。そのプロセスこそが重要で、私たち教師の財産となっていきます。

　だからこそ、その失敗から学び、自分自身がもがきながらも改善していくプロセスや諦めない姿を見せることこそが、学年の仲間への最大の学びの環境となるはずです。

3 授業で見せる

　「百聞は一見にしかず」という言葉があります。皆さんは授業を見て、涙を流したこと、鳥肌が立った経験がありますか。私は、あまりに圧倒的な授業に立ち合い、そこで繰り広げられる子どもたちの素晴らしい対話を見て、その熱量を肌で感じ、涙を流した経験があります。もちろん、現代は教育に関わる書籍やインターネット等から、優れた実践に関わる情報を得ることができます。しかし、やはり授業の現場で、子どもたち

の相互作用を肌で感じながら、学びが深まっていく様は、実際の授業に立ち会うことでしか得られないものがあると思っています。

　授業を生で見て、肌で感じた子どもの姿をもとに、育成を目指す子どもの姿を語り合うことに価値があると思っています。自分自身が最高の授業を目指し、そこで見てもらった実際の子どもの姿をもとに語り合える機会を自分から学年に提供すること、これこそ子どもや授業のイメージを共有する上でとても価値のあることです。

4　最高のクラスを目指す

　私自身が学級担任をしているときには、いつも子どもたちと共に自分たちにとって最高のクラスを目指してきました。学年主任になると、どうしても学年全体のための計画や準備に追われ、自分のクラスは二の次になってしまうことがあったかもしれません。しかし、学年主任になっても、学級担任であるからには、最高のクラスを目指したいと思い、担任を務めてきました。

　一重に最高のクラスと言ってもそれは、そのときの子どもたちと先生とで意味付けていくもので、一定の定義などはありません。だからこそ、子どもたちと一緒に子どもたちが中心のクラスづくりをしていくことが重要です。自分自身が精一杯子どもと向き合い、子どもたちと日々を悔いなく過ごす本気の姿を学年の先生方に見てもらい、よい刺激を与え続けることができる存在でいたいと思っています。

　それこそが、学年主任である前に、一人の教師としての本分であると思っています。

学年主任同士でつながり合う

① 他の学年の主任と情報交換することで視点とアイデアを広げる。

② 相談し合うことによって得られる4つの効果とは。

1 他の学年主任との情報交換の大切さ

　学年主任として日々仕事をしていると、悩むことや困ることがたくさんあると思います。学年全体の運営や先生方へのフォローに加えて、行事の準備や保護者対応など、多岐にわたる業務を行う中で、「これで本当に大丈夫かな？」と不安になる場面もあるのではないでしょうか。

　そんなときに力になってくれるのが、同じ学校の他の学年主任の仲間たちです。同じ役割を担う仲間と話をすることで、「自分だけがこんなに悩んでいるわけじゃないんだ」と気付けたり、新しい視点やアイデアをもらえたりします。

　例えば、次のようなシーンで他学年の学年主任と相談することが考えられます。

■学年だよりの内容や伝え方

　学年だよりで何を伝えたらいいか迷ったとき、他学年の学年主任に「どんな内容を載せていますか？」と聞くと、自分では思いつかなかったアイデアを教えてもらえることがあります。

■学年集会の進行や内容

　子どもたちにどういうメッセージを伝えるか、学年集会をどんな流れで進めるか。他学年の学年主任に相談すると、「こんな方法でやってみたら？」というアドバイスをもらえることがあります。

■持ち物やルールの統一

　持ち物やルールに関する保護者や子どもへの説明についても、他学年の学年主任がどんな工夫をしているかを聞いてみると参考になります。

　こうした情報交換を通じて、学年主任としての孤独感が減り、学校全体で連携している実感が得られます。また、他の学年主任から「似たようなトラブルがあったけど、こうやって乗り越えたよ」と経験談を聞くと、解決のヒントが見つかることも多いと思います。

2 相談し合うことで得られる効果

　他の学年主任とお互いに相談し合うことには、次のようなよい効果があります。

1 ミスや漏れを防げる

　学年主任の仕事を見てみると、細かい業務も多いでしょう。運動会の準備や保護者対応、学年だよりの発行など、やるべきことが次々と押し寄せてきます。そんなとき、一人で抱え込むと、どうしても「うっかり忘れ」が出てきがちです。

　例えば、運動会の準備のとき。他の学年主任と「○○は準備できていますか？」と声を掛け合うことで、準備漏れを防ぐことができます。また、個人懇談で渡す資料や共通の掲示物についても、「これ、ちゃんと用意してますか？」と確認し合えば安心です。

第4章　協働的なチーム学年をつくる　151

2 新しい視点やアイデアが得られる

　他学年の学年主任と話をすることで、自分一人では気付かなかった視点や解決策を得られることも多いです。

　例えば、

・他学年で成功した行事の進め方や指導法を聞いて、自分の学年で取り入れてみる。
・年度末の資料整理のコツや保護者対応の効果的な方法を教えてもらう。

こうした情報交換を通じて、学年の運営がスムーズになるだけでなく、時間や労力の節約にもつながります。

3 学校全体の連携が強くなる

　学年主任同士が相談し合うことで、学年を越えた連携が深まり、学校全体が1つのチームとして動けるようになります。

　例えば、

・学年間で子どもの情報を共有することで、一人一人の子どもに合った対応ができる。
・学年ごとの取組が学校全体の教育目標につながっていることを実感できる。

　こうした連携が進むと、学校全体の雰囲気がよくなり、先生たち同士も支え合いやすくなります。

4 リーダーシップスキルが磨かれる

　他の学年主任と交流する中で、「こういうリーダーシップの取り方もあるんだ」と新しい発見があります。

例えば、

・「メンバーにもっと裁量をもたせたほうが意欲が上がる」というア
　ドバイスをもらい、それを実践してみる。
・他の学年主任がどうやってメンバーにフィードバックをしている
　かを観察したり、相談したりすることで自分のやり方に活かす。

　こうした学びを通じて、自分自身のスキルアップにつながるのはもち
ろん、学年のメンバー全員が働きやすくなる環境づくりに役立ちます。

　学年主任として悩むことがあったら、ぜひ他の学年主任と気軽に話し
てみてください。同じ立場の仲間だからこそ共感し合えますし、新しい
視点や解決策を得られることも多いです。
　「こんなことで相談していいのかな？」と遠慮せず、日々のちょっと
したことから大きな課題まで、積極的に情報交換をしてみるとよいと思
います。その交流が、結果的に学校全体のチーム力を高め、自分自身の
成長にもつながります。

管理職とのやりとり

❶ 報・連・相の中でも、特に「報告」を大切にする。

❷ 学年全体で考えた案であることを上手に伝える。

1 報・連・相

　報告・連絡・相談の「ホウレンソウ」が大切なことは、社会人として基本中の基本ですが、これは学校現場でも変わりません。その中でも特に大切なのは、「報告」です。

　報告するべき事柄は、主に次の３つです。

・学年の子どもの様子に関わること
・保護者に関わること
・学年特有の行事に関わること

　これらは、なるべく早く共有するに越したことはありません。

　それは、なぜでしょうか。理由は３つです。

①なるべく客観的な判断をする。
②責任を一緒に負ってもらう。
③管理職を不安にさせない。

　「①なるべく客観的な判断をする」というのは、自分たちの学年のメンバーだけではなく、管理職も含めて一緒に判断をすることで、より目の前の事象を多角的に捉えて、判断することができるようにするためです。

154　　管理職とのやりとり

合わせて、その判断を自分たちだけで行わず、管理職の指導の下で決定していくことによって、「②責任を一緒に負ってもらう」ことができます。

　少々ずるいやり方に見えるかもしれませんが、管理職にとって、何か実際に動いてしまった後になって知らされるよりも、事前に一緒に相談に乗った上で、動くほうがよいに違いありません。

　さらに報告のもう１つの大切な役割は、「③管理職を不安にさせない」ということです。学年で起こっていること（特にトラブルに関わるもの）について、進捗状況が見えないということは、管理職にとって大きな不安を抱えることにつながります。たとえ求められていないと感じていても、進捗状況やこれからの流れについては、随時報告していくべきだと思います。

2 上手に伝える

　学年主任をしていると、管理職である校長先生や教頭先生に、「宿泊学習の行き先や日程を変えたい」「そもそも行事の在り方を見直したい」等、なかなか言いにくいけれど、学年としての意見を伝えなければならない場面が来ます。

　言いたいことを伝える際に大切にしたいのは、**個人ではなく、「学年の意見」として伝える**ということです。

　それが個人の好き嫌いによる意見なのか、集団として熟議を重ねた意見なのかは、管理職としてもその考えを聞き入れるかどうかの１つの判断基準となることでしょう。

　だからこそ大切なのは、「みんなで話し合った結果、〜という考えに至ったのですが〜はどうでしょうか」と伝えることです。

　また、学年主任である自分自身が意見を伝えるときに、「みんなの考え」として伝えることで、とても気が楽になると思います。

第４章　協働的なチーム学年をつくる　155

保護者対応はチームで

① 保護者対応で大切なことは、「チームでの対応」と「保護者との関係づくり」。

② 一人で抱え込まず、チームでの対応を行う。

③ 保護者との信頼関係を気付くための3つのポイントを意識する。

1 保護者対応

　学年主任として、子どもたちや保護者に対応する場面では、時にプレッシャーを感じることもあるかもしれません。でも、覚えておいていただきたいのは、学年主任の仕事は「全てを自分で解決すること」ではないということです。むしろ、チームをうまく活用して、問題を共有しながら一緒に解決策を見つけることが大切です。

　ここでは、保護者対応について「チームでの対応」「保護者との関係づくり」という2つの視点から、学年主任が心がけるべきポイントを考えていきます。

2 チームでの対応が最優先

　学年主任としての基本は、「一人で問題を抱え込まないこと」です。どんなに経験豊富な学年主任でも、全ての状況に対応するのは難しいでしょう。だからこそ、チーム学年で協力し、情報を共有して対応することが重要になります。

1 報告・共有の習慣をつける

日々の小さな出来事でも、チームで共有する習慣をつけましょう。例えば、共有の方法として、以下を活用するといった手段があります。

- 休み時間等に直接伝える。
- 定期的なミーティングを設ける。
- デジタルツール（Googleドキュメントや共有メモアプリなど）を使う。

ある子どもが授業中に集中できず、周囲に影響を与えている場面があったとします。そのとき、「一時的なこと」と自分だけで片付けるのではなく、すぐにチームで情報共有を行います。

そうすることで、他の先生から「最近家庭で変化があったらしい」といった情報が得られることもあります。こうした情報をもとに、より適切な対応を考えることができます。

2 チームで動くメリット

チームで情報を共有することで、異なる視点からのアドバイスをもらえます。また、「みんなで対応している」という安心感が保護者にも伝わります。

例えば、ある子どもが授業中に泣き出し、その理由が分からないケースがありました。担任が一人で悩むのではなく、学年主任を通じてチーム全体で情報を共有し、昨年度の担任とも連携しました。早急な対応を取ったことで、子どもの訴えを明らかにし、適切なサポートを提供することができました。

その結果、保護者から「学校全体で支えてくれていると感じられて安心した」という感謝の声をいただき、信頼関係が深まりました。

3 保護者と信頼関係を築くために

　私も保護者の一人ですが、保護者は子どもが安心して学校生活を送れることを一番に考えています。そのため、信頼を得るには、保護者の気持ちに寄り添い、安心感をもっていただくことが大切です。

■1 傾聴の姿勢をもつ

　まず大事なのは、保護者の話をじっくり聞くことです。一方的に説明するのではなく、保護者の気持ちや意見に耳を傾けることで、「この先生は私たちの話をしっかり受け止めてくれている」と感じてもらえます。

■2 具体的な情報を伝える

　保護者に安心感をもってもらうには、具体的な情報提供が不可欠です。憶測で話すのではなく、しっかりと事実に基づいた情報を伝えることが信頼につながります。

　例えば、保護者から「子ども同士のトラブルがあった」との連絡があった場合、

・明日、双方の子どもや周りで見ていた子どもから話を聞きます。
・その後、原因を整理し、本人たちの願いを聞いた上で対応いたします。

といった方針を伝えることで、安心感をもってもらうことができます。

■3 日常的なコミュニケーションを大切にする

　問題が起きたときだけでなく、日常的に保護者と関係を築くことも大切です。例えば、

- 子どもの成長や頑張りを、連絡帳やカードを通じて伝える。
- 保護者会で日々の子どもの頑張りや学年の活動を具体的に伝える。

といった接点をもつことが、信頼関係を築く基盤になります。

こうした取組で、「先生たちは子どもをよく見ている」という安心感を保護者に届けることができます。

保護者対応は、学年主任にとって大きな役割の1つです。しかし、それを一人で担う必要はありません。チームの力を借りることで、保護者との信頼関係を深めることができます。日々の小さな積み重ねが、大きな信頼につながることを忘れず、一歩ずつ取り組むことを大切にできるとよいと思います。

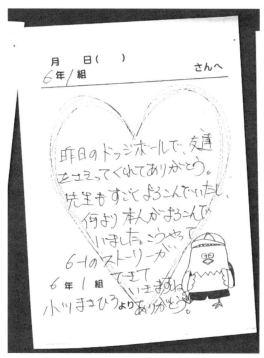

子どもへのメッセージカード(連絡帳に貼り、保護者に見てもらう)

教室・授業を互いに見合う

❶ 独創性を活かしつつ、互いに感想を伝え合うことが重要。

❷ 子どもの事実を基に意見を共有し、教師間で理解を深める機会をもつ。

❸ 放課後の交流で信頼を築き、教師間の相談環境を整える。

1　教師という仕事は個人商店という側面がある

　教師という仕事は、個人商店であるというように例えられることがあります。それは、次のような理由があるからだと考えられます。

■多様な子どもたちに向き合い、対応すること

　個人商店が地域の様々なニーズを求める顧客にサービスを提供するように、教師は個性豊かな子どもたち一人一人に向き合い、個々の成長に向けて支援します。

■個性的で工夫を凝らした授業を行うことができる

　個人商店が独自のアイデアで商品やサービスを提供するように、教師は自分の経験や知識を活かして、自分自身で工夫を凝らした授業を行うことができます。

　上記のように独創性を生かして、子どもたちと関わることができるというプラスの面がありながらも、個人商店と言われるからこその悩みもあります。それは、一人で工夫ができる反面、一人で抱え込むことが多いという側面です。

　特に経験が浅い先生の場合、むしろ「自由にやっていいよ」と言われ

るほうが辛かったり、大変だったりすることがあることも事実です。

　また、経験を積んでいたとしても外部の目がなければ、学級での取組が独りよがりのものになってしまったり、子どもたちのニーズに合っていなかったりすることに気付けなくなってしまいます。

　だからこそ、お互いの教室・授業をふらっと見て、フラットにその感想を伝え合うことができる環境・関係性をつくりたいと願います。

2　教室・授業をお互いに見合うこと

　私たち教師は職業柄、そのクラスに入ると一瞬で、「あぁ、このクラス何だかいい雰囲気だな」とか「何だか緊張感のあるクラスだな」という感覚をもつことがあります。それは、学級の子どもたちと先生とのやりとり、子どもたち同士のやりとり、授業に向かう姿勢、話を聞く姿勢などを総合的に判断した結果であると思います。

　そして、案外その感覚は一緒にそのクラスに入った他の先生と話してみると一致することが多いように思います。そうした感覚を見た人同士が「あのクラスの雰囲気って、～だよね」と言い合うのではなく、そのクラスの担任を含めて、互いに伝え合うことがとても大事なことだと思うのです。

　ただし、感覚は大切にしながらも共有する際には、その根拠をしっかりと相手に伝えることが重要だと思っています。授業研究と同じですが、大切なのは自分が判断したその結果は、子どものどの発言やどのような振る舞いから感じたのかを言語化して伝えることです。そうしないと、デリケートなクラスの様子をただの感覚で伝えてしまうことになり、日々そのクラスで過ごす子どもたち、先生に対してとても不誠実な発言になってしまうからです。合わせて、根拠をしっかりともって、子どもの学びや生活の様子を言語化することによって、お互いの子どもを見る目がより磨かれていきます。子どもの事実を基に、自分がどう解釈しているのかを伝え合う、大切な機会となると思っています。

第4章　協働的なチーム学年をつくる　161

では、互いに教室や授業を見合うとどのような利点があるのでしょうか。次の３つを利点として挙げることができます。

①多様な指導の仕方を学ぶことができる

自分と同じ学年の他の先生の授業を見ることによって、別の指導法や板書の工夫、発問の仕方などを学ぶことができます。自分の授業に活かせるアイデアを得ることができます。

②自分の学級経営に関する客観的な評価を得ることができる

自分の学級経営や授業を客観的に見直すチャンスとなります。他の先生の授業と比較したり、直接、感想を言ってもらったりすることで、自分の学級の子どもの様子や授業のよかった点、改善点を見つけることができます。

③子どもの様子を客観的に把握することができる

他のクラスの子どもの様子を見ることで、自分のクラスの子どもとの共通点や相違点を見つけることができます。また、他のクラスの子どもへの理解を深め、クラスをまたがった指導に役立てることができます。

上のような利点に加えて、学年の先生とお互いのクラスについての意見交換をすることは、お互いの指導観、児童観に対する認識が深まるチャンスとなるに違いありません。チームで互いに理解を深めながら、協働して子どもの指導に当たることで、より効果的な学年経営が期待できます。

3 行動は自分（学年主任）から

「学級や授業をお互いに見合いましょう」とは言いながらも、お互いのクラスを自由に行き来することは意外とハードルが高いものです。

そこで、ぜひ次のようなことを心がけてみましょう。

1 まず放課後に他の先生のクラスを訪ねよう

学校の先生と言っても一人の人間なので、急にクラスに来られること
に抵抗感をもつ方もいらっしゃると思います。ましてや子どもが学校に
いる時間にクラスを尋ねると、子どもに対して重要な指導をしている場
合もあるかもしれません。そこで、おすすめしたいのは放課後に他の学
級に顔を出してみることです。この、「顔を出す」というところが肝心
で、特に何か相談するということではなく、何気なくクラスに入れても
らい、雑談をしてみるところからスタートします。慣れてきたら、個人
的な授業づくりのことや子どもの様子を職員室ではなく、各クラスで相
談してみてもよいかもしれません。

2 いいところを見つけ、そのための工夫・しかけを聞こう

放課後の教室には子どもが残っていなくても、多くの学びの足跡（情
報）が詰まっています。特に、掲示物から係活動の仕組みや各教科の進
め方の情報を得ることができます。そこで得られた情報から、「これっ
て何ですか」「どんな工夫をしているんですか」を質問します。こうす
ることで、その先生が学級経営で大切にしていることが見えてきます。

3 行動は自分（学年主任）から

私自身が若手だったころのことです。学年主任の先生が放課後のクラ
スに入って来てくださり、何気ない話をしていく中で、子どものこと、
授業のことについて相談できて嬉しかった経験があります。いつしか自
分も困ったこと、聞きたいことがあると、学年主任のクラスに「〜先生、
ちょっといいですか」と入っていけるようになりました。

まずは自分が学年の先生方の教室に気軽に入れるようになり、徐々に
自分のクラスに来てもらえるようになること。そうすることで、お互い
のクラスの様子を肌で感じることができる、最も有効な情報共有の場と
なる可能性を秘めています。

教材を共有する

❶ 学年主任が自己開示し、教師間で情報共有しやすい環境をつくる。

❷ 必要なときに使える形で教材を共有する。

❸ 教材を共有し、効率化と学びの質の向上を目指す。

❹ 教材の３つの具体例を共有する。

❺ クラウドツールや学年会で教材を共有する。

1　自分のクラスでやることは、全て伝える

　学年主任として、まず意識したいのは、自分のクラスでやっていることをオープンにすることです。例えば、「こんなことがうまくいった」「ここはちょっと失敗した」「実は今こんなことで悩んでいる」といったことを、積極的に他の先生方に共有する姿勢をもつことが大事です。

　自分のことを率直に話すと、周りの先生たちも「自分も話してみようかな」と感じやすくなります。私自身、以前、学年主任の先生が「授業がなかなか進まなくて困っているんだ」と相談してくれたとき、「あ、主任の先生でもこんな悩みがあるんだ」と共感しましたし、「私も相談してみようかな」と気持ちが軽くなった経験があります。

　また、こんなことを言われたことがあります。「先生、何でもクラスでやったことを話してくれるから、とってもありがたいです」と。これは、もともとの性格もあるかもしれませんが、成功したことも失敗したことも、聞いてもらえると嬉しい、と私自身が思っているからです。

　ただ、先生の中には「自分なんてまだまだだから…」と遠慮してしま

う方や、「おせっかいになってしまうかも」と思う方もいます。そんなときこそ、学年主任がまず自己開示をして、「話していいんだ」「こういうことも共有していいんだ」と感じられる環境をつくることが大切です。

2 使いたいときに、使いたい人に使ってもらう

　教材や情報の共有は、「とりあえず渡す」というより、「必要なときに使えるようにしておく」感覚が大切です。例えば、自分にとっては何でもない資料が、他の先生にとってはすごく役立つこともありますし、逆に「これは役に立つだろう！」と思ったものが、思ったほど使われなかったりもします。具体的には、体育の学習カードや総合的な学習の時間の板書例などを共有するとき、無理に「これを使ってください！」と押し付けるのではなく、「こういうものがありますよ。必要ならどうぞ」というスタンスで提供するのがよいでしょう。以前は、紙に印刷して手渡すことが多かったのですが、今はデータでの共有が主流になってきています。Googleドライブやフォルダに入れておくだけで、必要な人が自由にカスタマイズして使えるので、とても便利です。

　そして、教材は授業が始まってから配るのではなく、少しだけ先回りして準備しておくのがおすすめです。「もう少し早く知りたかったな」という声を減らすことで、子どもたちの学びもより深まります。

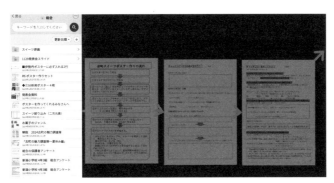

共有したデジタル学習カードとリスト

3 教材を共有して業務をスリムにする

　教師の仕事は、行うことが多岐に渡ります。その中でも、授業準備は
メインの仕事であるとともに、特に時間がかかる部分です。もし、同じ
学年の先生方が個別に教材をつくっているなら、それを共有することで、
時間を短縮しながらも教材の質を高めることができます。

　例えば、テストの問題や授業スライドを共有すれば、一からつくる手
間が省けます。その分の時間を、子どもたちへの個別支援や、他の業務
に充てることができます。また、共有した教材にはいろいろなアイデア
が詰まっているので、授業の質も自然と上がります。

　さらに、共有を通じて先生方同士のつながりも深まります。これによ
って、学年全体が「チーム学年」としてまとまりやすくなるのも、大き
な利点です。

4 共有すべき教材の具体例

■ テスト問題の共有

　例えば漢字の定着を確かめるテストで、同じ学年の先生方で分担して
テストの問題をつくり、共有フォルダに保存すると、とても効率的です。
一人一人が個別につくるよりもずっと負担が軽くなりますし、テスト後
にフィードバックを共有して改善することで、翌年以降も活用できるよ
い教材がどんどん蓄積されます。

■ 授業スライドの共有

　授業スライドも共有すると便利です。例えば、総合的な学習の時間で
「ポスターのつくり方」をテーマにしたスライドを一人の先生がつくり、
それをみんなで使うことで、視覚的にも分かりやすい授業ができます。

　さらに、共有したスライドを活用して、各自が授業の流れに合わせて

166　　教材を共有する

図表を追加したり、スライドの順序を変えたりすることで、子どもたちの理解度や興味に応じたカスタマイズが可能になります。特にICTを活用する機会が増えている今、スライドの共有はとても効果的です。

3 学習カードや学習プリントの共有

国語や社会の学習カードや学習プリントも、共有することで授業準備がスムーズになります。例えば、単元内自由進度学習のような取組では、一人で全部の教科を準備するのは大変です。教科を分担して教材をつくり、それを共有することで、先生方も子どもたちも、より適した学びが実現できます。

5 教材共有を進めるための方法

教材の共有をよりスムーズに進めるには、いくつかの方法があります。

1 クラウドツールを活用する

GoogleドライブやOneDrive、ロイロノートを使って共有フォルダをつくり、教材をアップロードしておくと便利です。フォルダの中で「学年」「単元」「教材の種類」などを明記するルールを決めておくと、必要な資料を簡単に見つけられるようになります。

2 学年会での共有

学年会の時間を活用して、「こんな教材をつくりました」と紹介し合う場をつくるのもおすすめです。その場で使い方や改善点の意見をもらうことで、次の教材づくりにも役立てることができます。

教材の共有は、学年主任が率先して取り組むことで、先生方の負担を減らし、子どもたちの学びをよりよいものにしていく大切なステップです。

第4章 ｜ 協働的なチーム学年をつくる 167

学年の先生たちの暮らしを守る

① 様々な環境に置かれている先生がいることを理解し合う。
② 原則として、勤務時間内に学年会や会議を行う。
③ 配慮を忘れず、お互い様であることを口に出す。

1 様々な環境に置かれている先生がいること

　皆さんは1日の中で、仕事にどのくらいの時間を費やすことができるでしょうか。私自身は比較的、自分の時間を自由に使うことができた時期は、1日の中で仕事のこと、授業のことを考えている時間がかなりありました。そうした時期に務めた学年主任としての仕事ぶりは、かなり自分のペースに学年のメンバーを巻き込んでしまっていたと、申し訳なく思っています。

　しかし、自分のライフステージが変わっていくに連れて、時間の使い方は変わっていきました。もちろん、子どもたちや授業に関する思いは変わっていないつもりではありますが、置かれている立場が変わっていくに連れて、1日の時間の使い方も変わっていきます。

　同じように、学年のメンバーにも子育て、介護、その他の生活に関わる事由等、それぞれに事情があります。様々な環境に置かれている方がいて、多様なライフステージにいる一人一人のメンバーが今できる最大限のパフォーマンスを発揮し、自己実現できるチーム学年であることが重要だと考えられるようになりました。

　決して、早く帰らなければならないこと、仕事に時間をかけることが

168　学年の先生たちの暮らしを守る

できないことを後ろめたく感じるようなチーム学年にしてはいけません。大切なのは、そうした本人の思いだけではどうにもできない事実をしっかりと学年主任が受け止め、その他のメンバーも受け入れられるような土壌をつくっていくことです。

2 会議（打ち合わせ）は勤務時間内に

　それぞれの事情があるからこそ、心がけるべきことは、学年会を含む会議（打ち合わせ）を必ず勤務時間内に設定することです。当たり前のことかもしれませんが、研究授業や行事、保護者の対応等があると、つい学年の打ち合わせの時間が後回しになってしまいがちです。だからと言って、勤務時間を過ぎてしまった後の会議（打ち合わせ）は行わないようにしたいものです。勤務時間後には、それぞれの先生の生活があります。残って学校で仕事をしたくても、それが叶わない先生方もたくさんいらっしゃいます。あくまで勤務時間内で、最大限のパフォーマンスを発揮するんだということを学年主任が常に意識する必要があります。

3 学年のメンバーの暮らしを守る

　学年の皆さんの暮らしを守るために、常にメンバーの様子に気を配り、こまめに声を掛けていくことが大事です。例えば、焦っている様子、具合が悪そうな表情、服装や髪型から受けるいつもと異なる雰囲気など、心配な様子があれば、「どうかしましたか」と一言をかけること、そして必要があればできるだけ早く帰ってもらえるように声を掛けること、こうした配慮を忘れてはいけないと思っています。特に学級担任をしていると、なかなか休みをとることに対して、罪悪感を感じてしまう人が多いのではないでしょうか。だからこそ、いつも仕事は、お互い様であることを口に出すように心がけています。

第4章　協働的なチーム学年をつくる　169

どんどん褒める

❶ よいところや感謝を積極的に伝え、学年のメンバーを大切にする。

❷ 仲間のよいところを見つけ、フィードバックし続ける。

❸ 褒めることで相手を理解し、自分の成長とチーム力の向上につなげる。

1 学年のメンバーを大切にする

　自分のクラスの子どもを大切にする。それと同じように、その子どもたちを支える学年の先生方を大切にする。これは学年主任にとって、とても大切なことです。

> 「せっかく頑張ったのに、お礼を言われない」
> 「一生懸命頑張っているのに、全くフォローがない」
> 「何だか、自分自身が大切にされていない気がする」

　こんなふうに、チームのメンバーがリーダーに対する不満をもつことは少なくありません。このように感じてしまうと、メンバーのモチベーションは下がってしまい、気持ちよく働くことができなくなってしまうでしょう。

　学年主任はどれだけ忙しくても、学年のメンバーが「大切にされていない」と感じるような言動は慎むべきです。

　「私は大切にされている」「このチームにとって自分は必要なメンバーなんだ」と感じてもらうのも、学年主任の大切な仕事の1つです。

　「大切にされている」「必要なんだ」と感じてもらうには、「あなたが

170　　どんどん褒める

いてくれてよかった」「感謝している」ということを積極的に伝える必要があります。

分かりやすい言葉で言うと、どんどん褒めるということです。褒めると言うと目上の人が伝えるようなイメージがありますが、「よいところを見つけて伝えること」、そして「感謝を伝えること」と表現すると褒めることへのハードルがとても低くなります。

2 どんどん褒めよう

皆さんは、最近褒められた経験はありますか。大人になると、人から褒められる経験が減ってしまいます。

褒められると嬉しい。これは、大人になっても変わりません。逆に褒められたり、認められたりすることが極端に少なくなってしまうと、意図していなくても「自分なんかいなくても構わないんだ」というメッセージを受け取ってしまうことにもつながりかねません。人は、やはり褒められると嬉しいし、自分には価値があるんだということを感じて力を発揮する生き物なのです。

このように考えてみると、「褒める」という行為には2つの役割があることが見えてきます。

1つ目の褒めることの役割は、その人のよいところを見つけて伝えるということです。私たち教師の職場で言うと、例えば、段取りのよさ、丁寧さ、周りへの気配り、子どもたちへの関わり方の柔らかさなど、これらをこまめに伝えることです。

きっとクラスの子どもとの関わりでは、皆さんは当たり前に行っていることだと思います。それを同じように、チームの仲間にもやろうということ。それだけです。

よいところを見つけて、最初は「明るいあいさつ」「笑顔」「はきはきとした声」など、分かりやすいところから始めて問題ありません。徐々

第4章　協働的なチーム学年をつくる　171

にその人となりが見えてくると、もっと内面的なことを褒めることができるようになってくるはずです。

　褒めることの大きなもう1つの役割は、仕事へのフィードバックをすることです。教育の効果は、なかなか数字で測ることができないものです。だからこそ、褒めることはやっている側の手応えにつながるのです。その人の働きが学年の活動に対してどれほど大きな力となったのか。その人の仕事があったからこそ、生み出された成果とは何か。こういったことを考え、褒めていきます。

> 「助かりました」
> 「さすが〜さんです」
> 「〜さんだからこそ、できた仕事です」

　このようなシンプルな言葉でも構わないと思います。こうした言葉を掛けてもらえると、「役に立ててよかった」「自分が頑張ったからこそ成果が出た」と感じてもらうことができます。

　私自身、これまで自分の授業づくりの師匠からかけていただいた言葉や、先輩からかけていただいた言葉で、今も忘れず、宝物にしているものはたくさんあります。褒められたことは、深く記憶に残るものです。

　だからこそ、学年主任にとっては、周りのメンバーのいいところを見つけ、仕事の成果をフィードバックし続けることも大切な仕事の1つなのです。

3　褒めることは自分を磨くこと

　人を褒めることは、自分を磨くことにもつながります。

　その人のよさを見つけるのは、なかなか自然にはできないことです。しかし、「相手を大切にしよう」という気持ちがあれば、その人の素敵なところを積極的に見つけられるようになります。そうして見つけておいた素敵なところを、タイミングを見計らって伝えていきます。これは、

172　どんどん褒める

言葉のプレゼントにもなります。

　さらには、その人の素敵なところを自分に取り入れることもできるようになると思います。

　また、いいところを見つけようとすると、実はその人の苦手とする部分が見えてくることもあります。これも学年経営としてはすごく大切なことだと感じています。その人が苦手なことは、他のメンバーや自分が補うこともできますし、むしろ得意な分野の仕事をお願いすることで、より力を発揮してもらうこともできるようになってきます。

　相手の素敵なところや感謝しているところを見つける、それを適切なタイミングでさりげなく伝える。これを心がけていくこと、言い換えればトレーニングをしていくことで、自分自身のコミュニケーション力も上がっていきます。さらには、チームのメンバーとの信頼関係も少しずつ強固なものにしていくことができるでしょう。

　普段からしっかりと感謝を伝えている関係だからこそ、仕事に対するアドバイスや改善点も聞いてもらうことができるようになっていきます。

失敗は責めずに仕組みを見直す

❶ ミスを個人の責任にせず、仕組みの改善に取り組む。

❷ 個人ではなく組織の仕組みに焦点を当て、チームで成長する。

❸ よい失敗は準備と計画の上に成り立ち、次の成功を生む。

❹ 注意や指導は個別に伝え、相手の立場と尊厳を守る。

1 失敗を責めない

　仕事で失敗があったときに、人はつい誰がミスしたのかを特定したくなってしまうものです。

　それはなぜでしょうか。1つは失敗の原因を突き止めて、安心したいという思いがあるからかもしれません。もう1つは、責任の所在を明確にし、自分には責任がないことを証明したいという心理が働くからかもしれません。

　「私も気付けなくてごめんなさい」と、自分に直接の責任はないのに、あえて自分にも責任があると認められる人を見ると、私は心から尊敬します。これは、「組織としての責任は自分にもある」という意識の表れに違いありません。

　犯人を見つけ出し、自分には責任がないと主張し、個人を責めているような集団では、きっと、またどこかで同じミスが出ることでしょう。

　失敗は誰にでもあるもの。人間である以上、ミスは避けられません。だからこそ、学年主任には「ミスを責めるのではなく、どう改善するか」を考える姿勢が求められます。

174　　失敗は責めずに仕組みを見直す

ミスが起きたときに学年主任がするべきことは、犯人を特定することではなく、ミスが起きた仕組みを特定し、それを解決することなのです。トラブルの原因をチームで考え、解決策もチームで話し合う。そんなチーム学年づくりを目指していきたいものです。

さらに、失敗の原因を個人の責任としないチームの姿勢は、失敗をしてしまった人を勇気付けます。個人が悪いのではなく、一人一人の役割が明確でなかったことや、失敗を防ぐための仕組みができていなかったために、それぞれの責務が果たされずミスが起きたという認識を共有していることは、チーム学年としてとても重要なことです。

「決してミスは、あなただけの責任じゃない」
「これから、一緒に仕組みづくりを考えていきましょう」

こんなことを言える、チーム学年を目指したいものです。

2 仕組みを見直す

学校でよくあるミスには、大切な物の紛失、文書の記載間違い、重要な連絡や報告忘れ等が挙げられます。

失敗は誰にでもあるもの。私自身は、今でもたくさん失敗しますし、この本を手に取ってくださった皆さんにも、「あのとき、失敗したな……」という経験はきっとあると思います。だからこそ大切なのは、「個人を責めないこと」です。むしろ、チャレンジした上での失敗ならば、それを称賛するくらいの度量はもちたいと思っています。

個人的なミスの裏には、必ず組織としての仕組みの問題が隠されています。改めて確認したいのは、ミスが起きたときに行うべきことは、仕組みの解明だということです。具体的に仕組みの問題とは、大切な判断を一人に任せすぎていたり、誰かに仕事の負荷が大きくかかっていたりすることが挙げられます。その仕組み自体を解決していかないと、チーム内でまた同じミスが起きてしまいます。

第4章　協働的なチーム学年をつくる　175

ミスが起きてしまった要因を個人の不注意や仕事の仕方に求めてしまうと、個人の成長を待つことやを変えることでしか解決策が見つからなくなってしまいます。だからこそ、絶対にミスをした人を犯人扱いしたり、責め立てたりするような雰囲気にしてはいけません。

　何かあったときに人を責めてしまうチーム、風通しがよくないチームでは、いい教育活動をすることはできません。

　チームの構造、仕事の仕方を見直し、チーム学年として一歩成長すること。言い換えれば、「チームの仕組みを見直し続けること」、それが学年主任としての大きな役割の１つなのです。

3　良い失敗をする

　失敗にも、「良い失敗」と「悪い失敗」があります。

- ・「良い失敗」は、しっかりと準備をして、仮説を立てて挑戦した先にあるもの。
- ・「悪い失敗」は、準備を怠り、仮説もなく挑戦した先にあるもの。

　先行実践を学び、仮説をしっかりと立てて、準備をした結果に待っていた失敗ならば、これはとても意味のある失敗になります。この失敗から、私たちはたくさんのことを学ぶことができます。

　事前に準備をして、計画を立てていたか。しっかりと考え尽くした上で、活動を行ったのか。

　このような事前の準備を怠って、失敗をしてしまうと、そこには「失敗をした」という事実だけが残ってしまいます。

　一方で、しっかりと準備をした失敗は、自分たちの仮説のどこが間違っていたのか、計画のどこを修正すれば成功に近付くことができるのかを検証することができます。

　野球に例えるならば、練習を重ねた上での空振り三振と、何もしないで立っている見逃し三振では意味が異なるということです。

176　失敗は責めずに仕組みを見直す

4 伝えるべきことは個別に伝える

　失敗を責めないと言っても、学年のメンバーに学年主任として、注意をしたり、強めにアドバイスを伝えなければならない場面も必ず来ます。
　そのときに大切にしたいのは、「個別に伝える」ということです。
　私自身がこの仕事についていて、みんなの前で目上の先生が、自分より経験が浅い先生に対して、注意をしたり、指導をしたりしている場面に出くわしたとき、何でみんなの前でやるんだろうか？　自分が優位に立ちたいのかな、と思った経験が少なからずあります。
　大切なのは、相手が納得してそのアドバイスを受け入れて、自分で自分の行動を見直すことです。
　みんなの前で叱責する必要なんて少しもありません。だからこそ大切にしたいのは、「個別に伝える」ということです。
　指摘をする際には、大勢の前で槍玉に挙げるようなことは絶対にしてはいけません。もし、学年のメンバーに指摘をするときは、その相手の心、立場、プライドを守ることを意識しましょう。
　そして、絶対に感情的にならず、冷静に順序立てて説明します。その上で、相手の考えもしっかりと聞きます。
　そうすることで、相手を尊重しながらも、必要なことを伝えられるはずです。

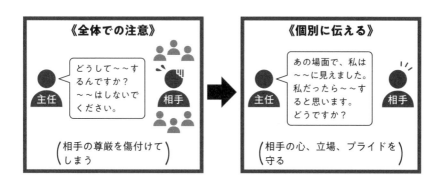

インプットし続ける

① 学び続ける学年主任の姿勢が、チーム全体の成長と活性化を促す。

② 多様な学びの手法を活用し、学年主任としての力を磨く。

③ 学年主任の学びがチームワークを強め、教育の質を高める基盤となる。

1 学年主任がインプットを続ける理由

「今の頑張りは、10年後の自分につながる」。

これは、私が尊敬する校長先生からいただいた大切な言葉です。だからこそ、時間がないと感じていても、そのとき、その瞬間に学ぶべきことをしっかりとインプットし続けようと心がけています。

学年主任は学年の「まとめ役」。メンバーが持ち味を存分に生かし、子どもたちに最高の学びを提供するために欠かせない存在です。その役割を果たすには、学年主任自身が新しい知識やスキルを取り入れて、それをどう活かすかがとても重要になります。

ここでは、インプットを通じて学年のチームワークを高める具体的なアイデアについて考えていきます。

■ 知識がチームの基盤をつくる

学年主任が学び続けることで得られる知識やスキルは、チーム全体をつなぐ「土台」となります。例えば、ICTを使った授業のアイデアや、生徒指導に役立つ情報をもっていれば、それを学年全体で共有し、授業や活動をアップデートしていくことができます。

178　インプットし続ける

2 インプットが信頼を生む

「自分が率先して学び、実践する」。

　学年主任がその姿勢を見せることで、学年のメンバーも「自分も学んで、成長しなければ」という気持ちをもてるようになります。学び続ける姿勢は、チームの信頼感を高め、互いを高め合う雰囲気をつくるきっかけにもなります。

3 チームの多様性を活かすために

　学年の先生方は、経験や得意分野がそれぞれ違います。学年主任が多様な視点をもっていると、メンバーの強みを見つけて活かしやすくなります。インプットを通じて新しい視野を広げることで、チームの可能性をさらに広げることができるでしょう。

---

2 学年主任におすすめのインプット方法

1 本や論文を読む

　インプットの基本は、やはり「読むこと」だと思います。特に、教育現場の実践事例やチームづくりに役立つ本を読むと、すぐに使えるアイデアを得ることができます。

　例えば、学年主任が学んでおくと役に立ちそうなテーマを挙げてみると、以下の3つが考えられます。

> ①授業改善（個別最適な学びと協働的な学び、ICT活用）
> ②チームマネジメント（信頼関係づくり、心理的安全性）
> ③特別支援教育（インクルーシブ教育、合理的配慮）

　私自身は、教育心理学や学習科学から、教育実践の根拠を得るようにしています。これらを背景にして、これからの取組を考えていくように

心がけることで、経験や感覚だけに頼らず、データや根拠に基づいて説明ができるようになり、実践の一般化もしやすくなります。

2 研修やセミナーに参加する

外部の研修やセミナーは、他校の事例や最新の教育情報を学べるチャンスです。学年主任としてのスキルアップにもつながります。

■学年主任としてのおすすめの研修
①チームづくり・組織づくり
先生同士の協力を高める方法を学ぶ。
②ICT活用
タブレット端末やデジタルツールを使った授業を学ぶ。
③研究会参加
先進的な実践校の授業を実際に見て学ぶ。

3 デジタルツールを使う

忙しい中で効率よく学ぶには、スマホやタブレット端末を使ったデジタル学習もおすすめです。

■具体例
・オンライン研究会（オンラインで参加できる研究会）
・YouTube（教育関連の動画チャンネル）
・生成AI（生成AIに自分が気になるトピックを質問）

4 同僚と一緒に学ぶ

学びは一人で行うものだけではありません。同僚と協力してインプットやアウトプットすることで、新しい視点を得ることができます。

■校内授業研究会
互いの授業を参観し合い、意見を交換することで、よいところを学び取る。
■意見交流会の開催

教育に関わる関心のあるテーマを設定してざっくばらんに意見を交わすことで、新しいアイデアが生まれます。

3 持続可能なインプットの習慣づくり

毎日忙しい学年主任だからこそ、スキマ時間を活用した学びが効果的です。例えば、気になる用語はすぐに生成AIに尋ねて深掘りしたり、1日の中で少しだけでも本を読む習慣をつけたりすることなどが挙げられます。

オンラインでのネットワークを活用して、他校の学年主任や先生方と情報を交換するのもよい方法です。悩みを共有したり、新しいアイデアや実践例を知ったりするきっかけになります。

学年主任のインプットは、学年全体を「チーム学年」としてまとめ、協力しやすい環境をつくるためのものです。学んだことを実際に現場で試し、そこから得たフィードバックを次の学びにつなげる。この循環を繰り返すことで、学年主任自身もチームも成長し続けられます。

学年主任がインプットを続けることは、チームワークを強め、学年全体の教育の質を高める基盤となります。新しい知識やスキルを取り入れ、それらを共有して活用することで、全員が「一緒に成長する」環境をつくり上げられると考えています。

第4章 協働的なチーム学年をつくる 181

小川 雅裕（おがわ・まさひろ）

新潟市立新潟小学校教諭

上越教育大学大学院修了後、横浜市立六浦南小学校教諭、横浜市立戸部小学校教諭、新潟市立小針小学校を経て2023年4月より現職。地域参画をキーワードに、総合的な学習の時間の研究を進める。NHK Eテレ『ドスルコスル』番組企画協力委員、文部科学省「小学校におけるカリキュラム・マネジメントの在り方に関する検討会議」協力者、文部科学省「小学校段階における論理的思考力や創造性、問題解決能力等の育成とプログラミング教育に関する有識者会議」委員などを務める。主著に『授業のビジョン』『本音で語り合うクラスづくり』（東洋館出版社）など。

学年主任の仕事

2025（令和7）年3月12日　初版第1刷発行

著　者：小川　雅裕
発行者：錦織　圭之介
発行所：株式会社　東洋館出版社
　　　　〒101-0054　東京都千代田区神田錦町2-9-1
　　　　　　　　　　コンフォール安田ビル2階
　　　　代　表　TEL 03-6778-4343　FAX 03-5281-8091
　　　　営業部　TEL 03-6778-7278　FAX 03-5281-8092
　　　　振　替　00180-7-96823
　　　　U R L　https://www.toyokan.co.jp
装　幀　水戸部 功
本文デザイン・組版　株式会社明昌堂
印刷・製本　株式会社シナノ

ISBN978-4-491-05765-1　　　　　　　　　　Printed in Japan

JCOPY　〈(社)出版者著作権管理機構 委託出版物〉
本書の無断複写は著作権法上での例外を除き禁じられています。複写される場合は、そのつど事前に、㈳出版者著作権管理機構（電話03 -5244 -5088、FAX03-5244-5089、e-mail：info@jcopy.or.jp）の許諾を得てください。